质量管理 实战

方法、技巧与工具一本就够

张 坚◎著

人民邮电出版社

北 京

图书在版编目（CIP）数据

质量管理实战：方法、技巧与工具一本就够 / 张坚
著. -- 北京：人民邮电出版社，2021.10
ISBN 978-7-115-56699-7

Ⅰ. ①质… Ⅱ. ①张… Ⅲ. ①质量管理 Ⅳ.
①F273.2

中国版本图书馆CIP数据核字(2021)第121337号

♦ 著　　　张　坚
　　责任编辑　马　霞
　　责任印制　彭志环
♦ 人民邮电出版社出版发行　　北京市丰台区成寿寺路 11 号
　　邮编 100164　　电子邮件 315@ptpress.com.cn
　　网址　https://www.ptpress.com.cn
　　固安县铭成印刷有限公司印刷
♦ 开本：700×1000　1/16
　　印张：12.25　　　　　2021 年 10 月第 1 版
　　字数：192 千字　　　2025 年 9 月河北第 23 次印刷

定价：59.80 元

读者服务热线：(010)81055296　印装质量热线：(010)81055316
反盗版热线：(010)81055315

FOREWORD

言

这本书背后蕴含了我多年的培训与工作经历。但是培训与写书有所不同，培训 PPT 言简意赅，具体的教学内容根据学员状况进行调整，而写书必须照顾到可能阅读此书的庞大群体，同时，严谨性更高。

这本书是关于质量的。质量与每个人都息息相关，不仅在于我们每天使用的产品质量对生活的影响，同时也在于如果每个人都具有质量意识，那么自己所做事务的品质就会更高。无论工厂企业，还是普通劳动者，一定的质量知识都是不可或缺的。

这本书在某种意义上可以满足读者对于质量知识的需求，故事、案例、图示等多元的阐释使读者可以相对轻松地完成阅读。另外，这本书又具有一定的深刻性与较好的原创性，使有良好基础的读者也能从中读出别样的味道。

本书的章节逻辑如下图所示。

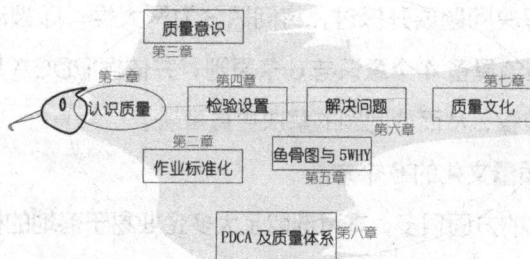

质量意识
第三章

第一章　　第四章　　　　　　　第七章
认识质量　检验设置　解决问题　质量文化
　　　　　　　　　　　　　第六章
第二章
作业标准化　鱼骨图与 5WHY
　　　　　　第五章

PDCA 及质量体系 第八章

第一章 认识质量

主要包括质量的定义、原则、发展简史以及质量学家的介绍等内容，给读者一个关于质量的轮廓性概念。其中，质量定义与质量3原则为原创性理念。质量定义中强化了"客户体验感"，质量3原则可视作一切质量工作的出发点或思考原点。违背3原则，质量有效性就无从谈起。

第二章 作业标准化的推进

以"没有标准，就没有质量""标准，首先确保了品质，进而提升了效率"为理念基础，探讨"作业标准化过程中常见的问题"及"如何优化"。作业标准化是构建高效质量体系的一大支柱，同时也是产品质量的一道基本保障。

第三章 如何提升员工的质量意识

质量工作中，管理者常将问题归因于"员工质量意识差"，至于什么是质量意识，如何提升质量意识，很少有人去研究，本章主要就这些内容展开探讨。

第四章 质量检验的设置

检验是质量管控的基本元素，质量分析的数据来源于检验。检验中的"免检、抽检、全检以及抽样比例"是如何选择的？来料检验与过程检验如何实施？这一章主要就这些问题给读者提供相对明确的答案。

第五章 鱼骨图与5个为什么

解决问题的一个关键是找到问题原因，这个原因称为真因（真正的原因）或要因（主要的影响因素）。本章主要详细介绍两个专门用于查找问题原因的工具——鱼骨图与5个为什么，不仅描述如何运用这两个工具，还说明了运用时的注意事项（要点）。

第六章 解决问题的基本思路

本章就如何解决问题展开探讨，将问题分为两大类，即被动型与主动型。要解决问题，就应该具备4个意识与6条原则，并依据PDCA思路将解决问题的过程分为8个步骤，从而使问题的解决更具章法。

第七章 构建质量文化的6个方面

构建质量文化的方面很多，本章选取了大多企业易于落地的构建文化的6个方面。如何做好这6个方面，使之落地并塑造正向的质量文化，是本章重点讲解的内容。

第八章 PDCA 及质量体系

之所以将 PDCA 与质量体系放在一起讲述，是因为"没有 PDCA，就没有质量体系"，PDCA 是质量体系的第一要素。本章将根据 PDCA 梳理出质量体系的 8 个要点，即 8 大支柱。8 大支柱是对前面章节内容的汇总。

第六章中的"QC7 大手法简介"及第八章中的"QC 小组活动"，都是由质量管理学家石川馨提出的，没有将二者合并在一起单独形成一章，是因为关于这两块内容的描述在其他质量书籍中已经较多，为保持本书的创新性，本书并未对这两块内容做特别详细的描述，而是将它们分列于两章，做一定程度的介绍，以保持质量管控手段的完整性。

以上是对本书结构与逻辑的简要描述。

具体而言，本书具有如下特点。

①内容成熟。绝大部分内容我都在课堂上讲授过，或者在公众号发表过。这些内容事先经过一定的打磨，接受过来自学员或读者的反馈。

②内容有一定原创性。我讲课的课题，都会根据自己的理解给出定义，包括质量定义、质量意识定义、质量文化定义等。

本书的主体部分皆为原创或原创性解析梳理，这包括质量 3 原则、作业指导书 3 原则、质量意识的 3 个重点（以及 8 项内容）、鱼骨图要点、5 个为什么要点、问题分类及问题解决原则、构建质量文化的 6 个方面等。

另外，毫无疑问，这本书借鉴了前人，特别是质量管理学家们的理念及方法。

③内容有一定实战性。这种实战性包括"指出问题点"在哪里，如"作业指导书需解决的 3 大问题"；直接给出"如何做的方法"，如"新产品作业指导书的 8 个步骤""不合格品处置的 4 种方法"等；不仅阐述如何运用质量工具，还直接给出了其运用要点，如"鱼骨图的 7 个要点""5 个为什么的 7 个要点"。

④内容深入浅出。书中穿插了大量的案例、故事及"口诀"，并及时对内容重点进行梳理与回顾。

⑤内容有一定拓展性。本书适度穿插了部分其他领域的知识，比如"5 个为什么分析"引自精益管理领域。而"延伸阅读"大多选自笔者曾发表过的且较

受欢迎的公众号文章，将知识触角适度延伸，如"供应商管理的8大怪现象"，讲述的是供应商管理中的不当现象，消除这些怪现象有助于与供应商建立良好关系，更好地把控其质量，确保来料品质。

本书各章有递进关系，每一章又有一定的独立性，总体形成了质量管控的完整体系。

借此机会，向本书的编辑马霞女士表示感谢，如没有她前前后后的张罗及推进，这本书不可能这么快与读者见面。

同时，也向以往工作中的客户表示感谢，正是工作实践中的积累沉淀为书中的一些故事或案例。

最后，感谢正在阅读这本书的你。希望这本书能使你我成为朋友。

张　坚

CONTENTS

目录

第一章

CHAPTER 1

认识质量

质量的英文为 Quality，也常翻译为品质，质量与品质意思相近。国际标准化组织（International Organization for Standardization，ISO）给出的质量的定义为：一组固有特性满足要求的程度。

为使读者更好地理解质量的定义，本章将从另一个视角给出质量的定义，并诠释质量管理应遵守的 3 个原则等内容。本章内容旨在让读者对质量有一个基本认知。

一、什么是质量

1. 质量的内涵：标准与客户体验感

质量的定义

质量是依据标准进行衡量的
结果，这些标准包括客户体验感。

这个定义相对简单易懂，与 ISO 对质量的定义相比，只是换了一种浅白的说法。如果你举起一支笔，问："这支笔的长度是合格的还是不合格的？"人们常常不知道该如何回答这个问题，因为不清楚合格的标准是什么，所以也就无从判断。假定要求这支笔的长度为 15 厘米，正负 0.1 厘米，超出这个界限，笔芯就容易松动或磨坏，现在一量，发现这支笔有 16 厘米，那么它就是不合格产品。

上述定义的后半句，"这些标准包括客户的体验感"，是为了贴合时代的要求。诺基亚与摩托罗拉曾经是手机行业的"双雄"，如今几乎在手机行业销声匿迹，难道是因为它们的产品质量不好吗？当然不是，那么为什么它们还是惨遭淘汰？因为采用新系统的智能手机给消费者带来了不一样的"体验感"。两家店卖同样质量的产品，谁带给客户的体验感更好，谁的销量就会更高。因此，客户体验感在质量的概念中是一个无法回避的词汇。

要管理好产品质量，第一要务是将质量标准清晰化，只有这样才便于相关人员对产品进行测量。此外，为客户生产产品时，务必明确客户的要求是什么。若不能做到这一点，就会导致质量类纠纷，甚至演变成质量事故。

有些产品由于其复杂性，需要一套完整的质量技术说明。有一次，一位工程师跟进一个电子控制箱产品，样品做好后提交给外国客户验证时，外国客户才说忘记提某一方面的要求了，如此反复多次，浪费了很多时间与精力。这说明，双方一开始就明确质量标准是非常重要的一件事。

　　某企业为客户提供铸件产品，铸件表面常有气孔、疏松等缺陷，该企业自作主张，用"打腻子"（腻子是一种填充物，可以使物体表面平整）的方式补上了这些气孔或疏松，然后按要求刷上油漆将产品提交给了客户。一次偶然的机会，客户发现了这个问题，立刻取消了这个供应商的供货资格，并要求该供应商做出相应赔偿。这个事例告诉我们，在有明确的质量标准的情况下，如果需要变更，应事先征得客户的同意。

　　现代企业面临着激烈的市场竞争，那种"产品自身质量好就能走遍天下"的想法往往未必可行，因为现在的客户或消费者同样看重产品所带来的"体验感"。如果留意电商网站上的差评会发现，很多消费者并不是抱怨产品质量差，而是抱怨"送货慢""售后态度不好"等与"体验感"相关的事情。

　　到底什么是体验感？我们可以举个例子来说明一下。

客户体验感事例

　　某家居商场在卖伞区张贴了一张写有标语的海报：晴天 19.9 元，雨天 9.9 元。

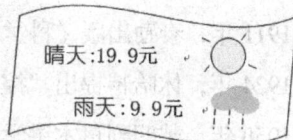

晴天：19.9元
雨天：9.9元

　　这家家居商场的做法令人印象深刻。因为在人们的印象中，雨天伞通常会涨价，这家家居商场却反其道而行之，在雨天给伞降价，这样做其实并不影响商场的利润，因为商场中的产品繁多，却给了消费者一种"被暖到了"的感觉。

　　给客户带来好的体验感主要包括两点内容：①站在客户的视角提供服务；②提供优于竞争对手的服务。

　　客户体验感是客户对比之后产生的感受。好的客户体验感有助于形成客户黏性，同时，客户体验感的提升是企业在竞争中不断优化服务的结果。

2. 质量的发展简史

质量的发展大致经历了这样几个阶段。工业化之前，主要由工匠开展自检工作；工业化之后，出现了检验员；后来又出现了专门的质量检验部门，这时已经产生了大量的检验数据。1924 年，贝尔实验室的休哈特博士提出控制图管理理念，即生产进入稳定状态时，质量数据总在一定范围内波动，由此建立数据波动范围的上下控制线，借助上下控制线及实际数据走向，可对现行运行起到一定的预判作用，这就是统计过程控制阶段。

统计过程控制阶段有个弊端，就是计算过程复杂，普通员工难以参与其中。

1950 年，戴明博士到日本讲学，带去了包括统计过程技术在内的西方质量管理方法。这给了日本质量管理学家石川馨启示：既然要推进质量改善，为何不把普通员工容纳在内，共享改善的乐趣。

于是，石川馨整理出了一套名为"QC7 大手法"的质量分析工具，因为这套工具相对简便，班组长和员工也能参与质量的分析改善。石川馨推动 QC 小组活动，即让基层人员共同参与质量改善，使得质量改善更具社交性与乐趣性。从此，全面质量管理（Total Quality Management，TQM）时代到来。

质量发展的百年大事罗列如下：

① 1911 年，泰勒出版《科学管理原理》；

② 1924 年，休哈特提出"控制图"及 3Sigma 理念；

③ 1950 年，戴明到日本讲学；

④ 1958 年，美国制定 MIL-Q8958A 系列质量标准；

⑤ 1961 年，费根鲍姆出版《全面质量管理》一书；

⑥ 19 世纪 60 年代，日本开始推行 QC 小组活动；

⑦ 1976 年，美国颁布 FMEA 标准，仅限于设计部分；

⑧ 1979 年，克劳斯比提出零缺陷概念，出版《质量免费》一书；

⑨ 1987 年，ISO9000 系列质量标准问世，同年，6Sigma 管理方法诞生；

⑩ 1994 年，汽车业质量标准（QS9000）诞生；

⑪ 2012 年，董明珠获石川馨奖，意味着我国企业质量管理得到了国际上的认可。

简而言之，质量的发展经历了工匠自检、检验员检验、统计过程控制、全面质量管理、多种质量管理模式并存这几个阶段。多种质量管控模式包括全面质量管理、ISO9000 体系、汽车业质量管理模式及 6Sigma 这几种模式。当前我们正处于多种质量管控模式并存的阶段。

3."忙、盲、茫"的现状

我国企业的质量管理总体上有了长足进步,有些企业的质量管理呈现出独特的亮点,如家电等行业的产品质量已经不输于欧美日韩。

但另外一个事实是,我国不少企业不顾质量的行为时有发生,在新闻中也常有报道。

不少企业在质量管理方面表现出"忙、盲、茫"的状态。

忙、盲、茫的质量管理

忙:问题重复,忙于"救火"!

盲:无视问题,安于现状!

茫:缺乏重点,缺乏手段!

为消除这些状况,需要进一步提升管理人员的质量管理意识与技能,同时遵守质量管理的 3 个原则。

优秀的企业都经历过质量的历练,优秀的企业家都具有良好的质量理念。

雷军与董明珠曾在央视节目上约定以 5 年为期进行比拼。5 年过去了,这两家企业在激烈的市场竞争中并没有发生大的波动,一直稳定发展,究其原因,不能不说与质量对企业的发展起到的支撑作用有关。

董明珠女士有两句关于质量的名言,一句是"质量关乎两个生命,一个是消费者的生命,另一个是企业的生命",另一句是"没有质量做支撑,营销就是行骗"。营销说得天花乱坠,但质量不行,这跟骗子有什么区别呢?

雷军也有两句关于质量的名言,一句是"用望远镜看创新,用显微镜看质量"，另一句是"创新决定我们能飞多高，品质决定我们能走多远"。也就是说，企业要长期发展，一要靠创新，二必须保证品质。

雷军所在企业成立的质量委员会，由雷军担任会长，可见他始终将质量作为头等大事来抓。

在 2019 年 8 月召开的中国质量协会 40 周年纪念大会上，雷军与董明珠双双获得"中国杰出质量人奖"，说明两人在质量方面的成绩获得了认可。

此外，董明珠女士是第一位获得石川馨奖（全称为石川馨—狩野奖）的亚洲女性。

二、质量管理的 3 个原则

企业要消除质量管控的"忙、盲、茫"状态，需要遵守质量管理的 3 个原则。

> **质量管理的 3 个原则**
>
> 底线原则：构建质量管理的底线，不逾越底线。
> 早鸟原则：问题发现越早，损失越小。
> 稳定原则：推进工艺及作业的标准化，构建稳定状态。

1. 底线原则

所谓底线原则，是指企业应构建质量管理的底线，在质量管控中不逾越底线。我们以往在新闻中看到的假货事件，都是企业突破质量管理的底线或毫无底线的行为，这样的企业往往被消费者鄙视和痛恨。一旦曝光，不仅企业会陷入"万劫不复"的境地，企业管理者还可能因触犯法律而承担刑事责任。

要遵守底线原则，应做好 3 件事。①配置资源，也就是配置检测设备、相应人员等资源，以便开展必要的质量管理工作。开展质量管理工作需配置必要的资源，否则即便有心不逾越底线，实际却很难保证。②满足要求，将满足客户的合理要求当作底线，给客户许下的承诺就应该做到，若做不到应事先与客户沟通，绝不能忽悠客户。③防止事故，一起质量事故会给企业带来难以估量的损失。从已经曝光的质量丑闻来看，弄虚作假是质量事故的第一源头。

企业领导者在"底线原则"中需要发挥重要作用。

一次，曹操带兵行走于麦田之间，曹操深知军民关系的重要性，下令"有践踏农田者斩"。这时，一只小鸟惊吓了曹操的坐骑，战马在麦田中不停地上蹿下跳。

这是一件挺尴尬的事。刚刚颁布命令，自己就违反了，虽然主观上来说，曹操并不是故意的。那么，管理者遇到这件事时应该怎么办呢？有人说，将马斩了，也有人说，是小鸟的问题，将小鸟斩了。

曹操是一名优秀的管理者，他并没有想着去斩马或小鸟，而是拿起剑，准备自刎。众将士一见赶紧拦了下来，于是曹操以割发代替了自刎。曹操这么做之后，试想谁还敢将这项命令不当回事呢？

曹操马踏农田的案例告诉我们，构建底线原则，领导者以身作则非常重要。如果领导者一方面强调底线原则，一方面又说出"出货急，先不要管质量"这样的话语，带给员工的感受就是领导自己都不重视质量，那又如何确保员工很好地遵守底线原则呢？

2. 早鸟原则

所谓早鸟原则，是指出现质量问题时，发现得越早，损失就越小。纠错要趁早，就像穿衣服时如果第一颗纽扣就扣错了，扣到最后一颗才发现，就等于做了无用功，浪费了很多时间。

遵循早鸟原则一般需做到两点，一是暴露问题，二是源头控制。

暴露问题是指有问题不要隐藏，否则问题只会"越捂越大"。

精益生产创立者丰田公司原副社长大野耐一，看到员工将不良品藏在角落里，勃然大怒，他将不良品搬至车间显眼的地方，对员工说，不良品不允许藏起来，要让大家看到，针对这些不良品想办法减少产品继续出现问题的概率才是正道。丰田公司有一整套暴露问题的机制，员工在生产过程中遇到质量问题时，可直接按下生产线暂停键，直到问题被解决才能重新启动生产。暴露问题，意味着人们正视问题，并不断寻求解决问题的方法。

遵循早鸟原则要做到的另一点是源头控制。源头主要有两个方面，一方面是指原材料，即确保原材料的质量稳定可靠；另一方面是指样品制作阶段，这是暴露问题的好时机，绝大部分的设计问题、工艺问题可以在样品制作阶段被识别出来，此时加以改善，就能够确保量产阶段的质量稳定性。

某餐饮企业董事长去丰田参观之后，受丰田暴露问题机制的启发，在企业内推行红冰箱机制，红冰箱的红色代表着不良。顾客遇到不满意的菜品，在卡片上填写好原因后，就可以免费退菜。卡片上的选项包括：①菜煳了或不熟；②菜品温度不够；③原料不新鲜；④上菜超时；⑤量少；⑥不合口味；⑦异物；⑧无障碍退菜。

服务员会将卡片连同退菜放置在红冰箱内，内部人员需要对红冰箱内的退菜进行相应的分析与改善。正是红冰箱的暴露机制将问题展示了出来，促进了该餐饮企业内部管理的不断改善。

3. 稳定原则

所谓稳定原则，是指推进工艺及作业的标准化，构建稳定状态。

近段时间，直播带货非常火。主播一般有一支专门的 QC 团队。QC 是英文

Quality Control 的缩写，即品质控制。那么，这支 QC 团队是干什么的呢？其主要工作为审核供货厂家的工厂。重点审核的就是工厂生产的稳定性，这种稳定性能确保产品品质的一致性。

否则，主播在直播时向粉丝推荐："这款产品够辣够味，辣中还带有一点点甜，喜欢的朋友赶紧下手了！"而供货商的生产缺乏稳定性，消费者实际收到的产品可能是微辣、微酸的，与推荐时的描述不符。这样，主播再直播时，就很难取信于粉丝了。

企业稳定生产的能力是确保品质"不走样"的一种能力，也就是确保产品品质一致性的能力。这常常是企业品质管控的核心能力，企业间品质管控能力的差距常常就体现在对"一致性"的管控上。

要遵循稳定原则，需要管控好"4M1E"。4M1E 即 Man、Machine、Material、Method、Environment 的首字母缩写，也就是员工、机器、材料、方法、环境。要确保生产品质，就需要有训练有素的作业员工、状态良好的设备、质量稳定的材料、恰当的作业方法以及适宜的作业环境，在此基础上，推进工艺及作业的标准化，从而达成稳定原则。质量管理的过程，就是以 4M1E 为基础的工艺及作业的标准化和不断优化的过程。

日本企业中有一种"变化点管控"的说法，其管控的对象就是 4M1E，4M1E 稳定时，其输出的产品质量一般也较稳定。当 4M 发生变化时（环境通常不会发生变化，除非改变了生产场地），质量就可能发生波动，往不受控的方向发展。因此，日本企业规定，如果 4M 发生变化，需填写"4M 变动申请表"，经批准后，方可进入新的生产。这就是"变化点管控"，其目的是防止无意识的变化导致的质量不受控。

遵守这 3 个原则可以避免企业在质量管理过程中出现"忙、盲、茫"问题，从而为客户提供优质产品。对于这 3 个原则及质量的定义，我们可以用一首押韵的打油诗来表达，诗的名字就叫"原则歌"。

原则歌

守住底线不放松，以身作则立如钟。

早鸟原则早运用，源头控制防漏洞。

人机料法管控好，稳定状态异常少。

质量乃是生命线，体验感上多奉献！

企业人员还需要思考：对比这 3 个原则，企业还有哪些工作需要完善？

三、5S 管理对质量管理的促进

5S 管理对质量管理有很大的促进作用，这点常常被忽视。与不少企业被动推进 ISO9000 体系，意在获得一张证书并获得市场的认可不同，还有很多企业主动推进 5S 管理，是因为它们非常认可 5S 管理对现场的改变。

如果企业能将 5S 管理对质量管理的促进作用发挥出来，善莫大焉。

5S 管理起源于日本

日本产品原先在国际上的声誉并不好，正是通过 5S 管理等一系列改善活动，日本产品一跃成为"精致、优质"的代名词。

5S来源：日本家庭整理物品的小册子。

5S手册

1. 5S 管理中的每个 S 的基本内容

（1）整理（Seiri）

整理：区别需要品与不要品，并对不要品进行处理
整理3步骤： ① 明确"要与不要"的基准（规则）； ② 根据规则，区分要与不要的物品； ③ 将不要品清理出现场
整理最大的价值在于腾出空间

（2）整顿（Seiton）

整顿：对需要品进行分区分类标识，以方便查找
整顿3步骤： ① 将场所分成不同的区域，如生产一线、二线、检验区、仓库等； ② 对区域进行画线标识； ③ 物品按照定点、定容、定量的方式放置。 其中，定点指指定位置，定容指指定物品容器，定量指指定数量范围
整顿最大的价值在于节省（寻找物品）时间

（3）清扫（Seiso）

清扫：对环境的清扫以及对问题的点检
清扫3步骤： ① 制订环境清扫准则； ② 实施对环境的清扫； ③ 查找可能存在的隐患并予以消除
清扫最大的价值在于消除可能存在的隐患

注：关于清扫有"3扫"的说法，即扫黑（扫除脏污）、扫漏（扫除漏水漏电等）、扫怪（扫除怪异现象）。

（4）清洁（Seiketsu）

清洁：制定完善的制度与规范，以促进5S管理长久实施
清洁3步骤： ① 明确相应职责； ② 制定完善的制度与规范； ③ 实施稽核并促进可视化工作的开展
清洁最大的价值在于提供了详细的规则

（5）素养（Shitsuke）

素养：养成自律的习惯与团队精神
素养3步骤： ① 前4S的长期实践； ② 养成3守的习惯； ③ 职场礼仪与良好工作关系的形成
素养最大的价值在于自律而减少管理成本

注：3守是指守时间、守纪律、守标准。

一匹马的故事

亚历山大有一匹烈马，没有骑手可以驯服它，所有的骑手都被它摔了下来。

后来，有一位智者从旁经过，只见他不慌不忙地围着马走了一圈，看得很仔细又很认真，随即翻开马鞍，从马鞍里找出了一根别针。

正是这根别针使这匹马如此暴躁，这位智者就这样驯服了这匹马。

5S管理过程就是清除现场存在的"别针"的过程，只有这样，现场的工作才会更顺畅！

2. 5S管理对质量管理的价值

5S管理对质量管理的显著作用体现在以下几个方面。

①塑造了良好的作业环境。

杂乱的环境无法开展可视化工作，且会使员工工作心情不佳，同时物品混杂也增加了误拿误用的风险。环境是4M1E中的一个重要因素。

②物品标识一目了然。

致隐藏的问题未被及时挖掘出来。

对策 稽核是及时发现问题并进行持续改善的好方法。稽核的结果应及时公布在"5S 宣传白板"上，对出现的问题应及时进行改善。根据稽核的结果，对表现良好的区域、团队或个人给予适度的奖励。

⑤ 原因之五：未让员工受益。

状况 员工在推行 5S 管理的过程中，可能会一直想："这对我有什么好处？"如果这个问题没有得到很好的解答，就会形成误区。

对策 一开始就明确推行 5S 管理对员工的益处。

a. 学到的 5S 管理知识，无论在哪家企业都能用。

b. 塑造更加安全、人性化的工作环境，员工的工作心情会更舒畅。

c. 养成良好素养，员工在职场或社会更受欢迎。

d. 现场管理更加规范，管理者更容易倾听到员工的声音。

e. 企业更容易得到客户的认可，员工的收入更有保障。

f. 推进企业发展，员工将有更多的升职机会。

推行 5S 管理的过程中，发现并挖掘这一过程中的积极分子，逐步由外力推动转变为员工自发推动！

四、6 位质量管理学家介绍

质量领域的进步基本上是由这些质量管理学家们引导推进的，我们学习的质量理念包括现在的 ISO 质量体系，其内容也大多提炼于这些管理学家们的学术思想。对质量管理学家有更多的了解，有助于我们知道质量理念的"来龙去脉"。

1. 休哈特

休哈特是贝尔实验室的一名研究人员，他在质量方面的贡献具有划时代的意义。

休哈特最重要的贡献是 1924 年提出了控制图与 3Sigma 理念。当质量进入稳态后，以正负 3 个 Sigma 为界限，那么测量数据点落在界限内的概率为 99.73%。如果测量数据点落在了界限外，那么基本就是异常的（有 0.27% 的概率发生异常状况，这属于概率分布范围）。其意义在于不再单单依赖规格值来判定不良，而是根据工艺处于稳定状态时的工程能力来判定异常，使控制更加精细化。此外，当测量数据点落在界限内时，还可以根据测量数据点的走势预判出质量的走势，以起到预防作用，这是控制图的一个非常有价值的用途。

休哈特还有一项非常重要的贡献——他最早提出了 PDCA 方法。

2. 费根鲍姆

费根鲍姆曾担任美国通用电气公司质量部部长一职，是全面质量管理的最早提出者。关于质量管理，费根鲍姆强调 4 个步骤：①树立标准；②对结果进行评估；③必要时采取行动；④对改进进行规划。

费根鲍姆提出了"隐形工厂"的概念，隐形工厂造成了浪费，包括如不良造成的浪费、延时造成的浪费及未精准把握客户需求造成的浪费等。

费根鲍姆还提出一个比例，即 8:22，该比例的含义是当一个顾客满意时，会有 8 个人听到他的好评；一个顾客不满意时，会有 22 个人听到他的抱怨。这个比例警诫我们每个人，一定要把质量做好，否则就会"好事不出门，坏事传千里。"

3. 朱兰

朱兰将原先用于经济领域的帕累托图（我们经常说的柏拉图）导入了质量分析，帕累托图表示，80% 的问题来自 20% 的不良类别，即 80/20 定律。某企业将 80% 的工资发给了 20% 的管理人员，如果要降低人工成本，企业首先应着力于降低这些管理人员的工资。帕累托图帮助我们抓住重点问题，并优先解决重点问题。

朱兰提出的质量 3 部曲包括以下内容。①质量策划：a. 设定质量目标；b. 辨识顾客；c. 开发满足顾客需要的产品特征；d. 开发生产这种产品的工艺与步骤；e.采取过程控制措施，实施相关计划。②质量控制：a.评价实际绩效；b.将实际绩效与质量目标对比；c.对差异采取措施。③质量改进：a.提出改进的必要性；b.做好改进的基础工作；c.确定改进项目；d.建立项目小组；e.为小组提供资源、培训和激励，以诊断不良的原因和确定纠正措施；f.制定控制措施以巩固成果。

朱兰的著作《朱兰质量手册》对近代质量发展起到了很大的促进作用。

4. 克劳斯比

关于克劳斯比有一个很有意思的故事。很多企业喜欢将质量责任推卸给质量部，认为既然成立了质量部，质量部就应该承担质量责任。克劳斯比担任企业质量总监一职，开会时因质量问题遭到其他部门的"炮轰"，克劳斯比忍无可忍，反驳道：

"我们的质量人员从来不去设计一件产品，从来不去采购一件产品，从来不去销售一件产品，从来不去制造一件产品……我们是干什么的呢？我们只是帮助你们解决问题的。你们千万别把什么乱七八糟的东西都往质量问题的框里扔，而是要从问题的出处和来源命名，我们有的只是市场问题、设计问题、制造问题、采购问题、服务问题……"

克劳斯比的反驳体现了改善质量需从源头抓起的基本理念。

克劳斯比提出了质量零缺陷的概念及质量改进的 14 个步骤。这 14 个步骤分别是：①管理层的决心；②成立质量改进小组；③了解当前的质量状况；④评估质量改进成本；⑤提升人员的质量意识；⑥实施质量改进行动；⑦向零缺陷前进；⑧对主管人员开展教育；⑨设定零缺陷日；⑩设定新的努力目标；⑪消除错误成因；⑫奖赏优秀人员；⑬成立质量委员会；⑭新一轮的质量改进。

5. 戴明

戴明是我们最熟悉的一位质量专家，人们常将 PDCA 环称为戴明环，但戴明在自己书中坦诚，PDCA 是由休哈特博士提出的。戴明于 1950 年开始到日本讲学，带去了美国的统计过程控制技术及质量改善的基本理念。为此，日本设立了一个以戴明的名字命名的质量奖项，该奖项为世界 3 大质量奖之一，其他两大奖项分别为美国波多里奇国家质量奖与欧洲质量奖，戴明奖是 3 大奖项中设立最早的一个奖项。

戴明提出了管理的 14 个要点，包括：①长久使命；②减少错误率；③不依赖检验达成质量；④采购追求总成本最低；⑤持续改善生产系统；⑥建立在职培训制度；⑦发挥管理人员的作用；⑧消除员工的紧张；⑨消除部门隔阂；⑩消除空洞标语；⑪制定恰当的目标；⑫让员工乐于改善；⑬建立活力化教育机制；⑭共同致力于转型。

这 14 个要点提醒人们，质量管理是企业经营管理的一部分，只进行质量管理难以"独善其身"，只有在企业整体运营达到一定程度时，质量管理才能随之发挥作用。

6. 石川馨

石川馨被誉为日式质量管理的集大成者。他提出了鱼骨图分析方法，并结合其他质量管理学家的理念，梳理出了 QC7 大手法，分别是查检表、层别法、帕累托图、鱼骨图、散布图、直方图、控制图。

QC7 大手法，使得一线管理人员或员工可以用较为简便的分析方法参与到质量改善中，为全员参与质量管理扫除了技术上的障碍。

进而，石川馨提出用 QC 小组推进质量改善的方法，即以小组的形式，选定一个质量改善主题，成立质量改善小组，运用改善方法，直到问题得以解决。QC 小组培养了团队精神，提升了员工解决实际问题的能力，同时，企业从中也受益。因此，QC 小组是全员参与质量改善的重要方式。

今天，我们耳熟能详的一些质量名言，如"品质，始于教育，而终于教育""下一道工序就是客户""品质是生产出来的，而不是检验出来的"，都可以在石川馨的《品质管理入门》一书中找到。

无论是质量管理学家，还是精益管理学家，他们好像诸侯国的首领为自己的领域开疆拓土，在这些质量管理学家关于质量的定义中，质量不仅涵盖了产品质量，还包括交期及服务等内容。

延伸阅读：质量管理"天才"戴明博士

第二次世界大战后，美国人戴明被派到日本讲授质量管理学。

戴明讲了些什么呢？主要有利用 PDCA 推进质量改善的方法、质量统计学的运用、管理者应发挥的作用、如何构建质量稳态等内容。

这些理论一部分是戴明的原创，一部分是传承了美国其他质量管理学家的理念，比如 PDCA、质量统计学中的控制图都来自贝尔实验室的休哈特博士。

日本人用戴明讲课的版税成立了一个质量奖项，叫作"戴明奖"。

应当说，那段时间，日本人吸纳了很多来自美国的管理知识，包括 PDCA、质量统计学、工业工程技术、设备维护知识、一线管理者训练、全面质量管理等。这些管理知识为日后日本经济的腾飞起到了非常大的促进作用。

戴明博士生平大事介绍如下：

1928 年获耶鲁大学数学物理学博士学位；

1939 年作为主编出版休哈特著作《品质管制观点下的统计方法》；

1950 年起，多次到日本开设质量管理课程，日本科技联盟（JUSE）因此设立"戴明奖"；

1956 年获美国质量协会颁发的"休哈特奖"；

出版两本著作《转危为安》（提出管理的 14 个要点）、《戴明新经济观》；

生前最后 10 多年，每年举办"4 日研讨会"。

戴明奖的由来

1950 年 7 月，日本科学家与工程师联合会举办了一场讲座，这场讲座邀请了戴明担任主讲，共开展了 8 天。讲座吸引了全日本著名的 23 位商业巨头，他们控制了日本 80% 的资本。

听课的人们将这 8 天课程的速记、笔录汇总整理为《戴明博士论质量的统计控制》，其手抄本竞相传播，戴明博士随即慷慨地把这一讲稿的版税捐赠给了日本科学家与工程师联合会。

从 1951 年开始，日本科学家与工程师联合会用此版税设立了戴明奖，用于奖励在质量管理方面取得优异成绩的企业。该奖项迅速成长为日本最有影响力的品质奖，并成为世界 3 大质量奖项之一。

第二章

CHAPTER 2

作业标准化的推进

一次，我跟某企业领导聊天，他说："其实，标准化管理是通用的，既属于品质管理的范畴，也属于效率管理的范畴"。没错，标准首先确保了品质，进而提升了效率。

福特关于标准化有这么一句名言："标准化是你现在能想到的最佳境界，是促进未来改善的必要基础；但你不能把标准化当成种种限制，否则你就不会再有所进步。"

一、什么是作业标准化

所谓作业标准化是将工艺要求、作业步骤要点进行标准化的过程，其输出为作业标准或标准作业。作业标准化是产品质量的一道基本保障。

作业标准化起源于泰勒（1856—1915）的科学管理理论，泰勒因此被称为科学管理之父。工业化来临之前，师傅大多以言传身教的方式传授徒弟技艺，只有零星技艺以"作业标准"的形式流传了下来。如三国时期诸葛亮设计的"木牛流马"，现在就因缺乏当时的资料而难以复制。

工业化来临之后，泰勒发觉作业标准化是一个值得研究的领域。其思路非常简单，不同的人作业，效率有高有低，对那些效率高的人的作业进行研究，将他们的作业方法推而广之不就可以大幅度提升作业效率了吗？这就是作业标准化的起源。

泰勒根据这个思路在伯利恒钢铁厂研究员工搬生铁作业，将作业效率提升了数倍之多，当然，用泰勒的说法，这当中也有消除了员工"磨洋工"的贡献。

同时代的吉尔布雷斯夫妇，在泰勒理论的基础上，专门研究员工作业动作的细微差距，他们发现，如果对员工的作业动作加以分析并优化，可进一步提升作业效率。至此，作业标准化真正地在工业化领域里发挥价值，且它常蕴含着"简化"或"优化"的含义。

作业标准化是现场标准化中的一项内容，其隶属关系如下图所示。

作业标准化的隶属关系

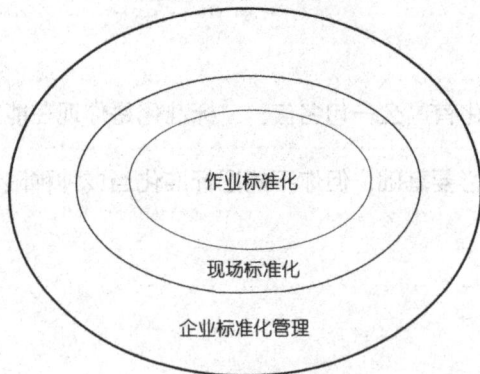

作业标准化

现场标准化

企业标准化管理

企业标准化管理包括从企业运营策略、价值观、流程文件到作业标准等一系列内容，而现场标准化则主要指侧重于现场管理的标准化内容。从4M1E的角度展开，现场标准化主要包括如下内容。

（1）作业人员：组织架构图、岗位职责表、规章制度及员工手册等。

（2）机器：验收标准、安全操作规范、保养计划及基准等。

（3）物料：物料表、验收标准、行业或国家标准及来料检验流程等。

（4）作业方法：流程图、质量控制计划、检验标准、工艺规范、操作规程及作业指导书等。

（5）环境：5S标准、平面布置图及ISO14000标准等。

注：ISO14000是国际标准化组织颁布的企业应遵守的环境保护方面的评估标准，其框架结构与ISO9000质量体系大体相似。

作业标准化的内容包括作业指导书、操作规程、工艺规范、流程图及检验标准等文件。

其中，作业指导书是作业标准化的核心内容。通常，做好了作业指导书，其他作业类文件的编制也就不成问题了。所以就如何开展作业标准化，我们以作业指导书为重点进行讲解。

作业标准化可以解决的10大问题

① 新员工上手慢。

② 作业改善缺乏基础。

③ 作业改善成果无法固化。

④ 培训员工时没有依据。

⑤ 员工缺乏进行作业改善的动力。

⑥ 好的作业手法或经验无法被广泛运用。

⑦ 产品出现问题难以追溯当时的作业规范。

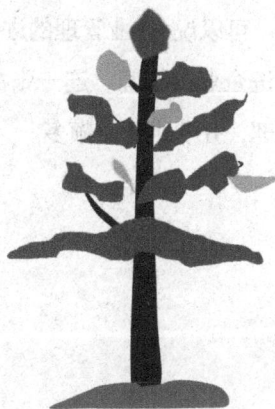

⑧ 产品一致性差，不良率居高不下（人为导致的不良因素大幅增加）。

⑨ 难以对员工作业做出评估（也难以估算标准产能）。

⑩ 专业技术不能得到有效推广。

实施标准化管理对企业管理来说是一次整体性的提升，这与针对某一点进行改善是不同的，因此可以说，这是一项重要且基础性的工作。

企业如果不进行标准化管理，缺乏必要标准及未对作业进行标准化，将会导致以下状况：①员工无所适从；②品质问题频出；③现场混乱；④效率低下；⑤沟通不畅；⑥人心涣散等。

肯德基、麦当劳的作业标准化一直为人津津乐道，如鸡翅烤多久、成品放置超过多长时间必须处理掉等，各项作业都有明确的要求。正因为有细致的作业标准，肯德基、麦当劳招收兼职人员时，稍加培训，这些兼职人员就可以上手作业，并且不会影响品质，这就是作业标准化的好处。

走进一家面馆，面馆内张贴着一幅"一碗阳春面是怎样制成的"的画，上面有着制作阳春面的步骤与图示，画的下方配有"卖相、吃口及味道"的说明，这张画让人们在品尝面条的同时感受到了面馆的用心。

走进一家水果连锁店，墙上贴着"果品包装标准（第二版）"的要求，上面有不同果品的包装操作要点及相应图示。

可以说，企业管理的进步在很大程度上都会受"标准化管理"的影响。早些年，走进企业的车间，连一张流程图都看不到，而近年来，企业越来越重视标准化管理，并从中受益颇多。

二、作业标准化的两个案例

案例：被调岗的小和尚

小和尚担任撞钟一职，3个月后，住持调他到后院劈柴，原因是他无法胜任撞钟一职。小和尚很不服气地问："我撞的钟难道不准时、不响亮？"老住持说："你撞的钟很准时、很响亮，但钟声空泛、疲软，没有感召力。钟声是要唤醒沉迷的众生，因此，撞出的钟声不仅要洪亮，而且要圆润、浑厚、深沉、悠远。"请问你如何看待这件事？

读完这个案例，大多数人的第一反应是，小和尚做事不专心、不用心，因此被调岗是理所当然的。

但如果将案例内容引入企业管理中进行探讨，又感觉有点不对劲。如果有作业指导书，老住持再加以适度辅导，小和尚应该不会达不到要求；如果有作业指导书，新人再来撞钟，就不会犯同样的错误；如果有作业指导书，就可以解决"新员工上手慢""培训员工时没有依据""好的作业手法或经验无法被广泛运用"等问题。可见，作业标准化常是问题解决的根本。

案例：下雨天的环卫工人

有一位环卫工人，在下雨天打扫卫生时，遇到了"该不该洒水"的难题，企业内部一份关于厂区

道路清扫的作业指导书规定，扫地前必须洒水以避免灰尘飞起，于是，这位环卫工人无奈地先在道路上洒了水，然后进行清扫……，请问你如何看待这件事？

在培训课堂上讨论这个案例时，我常常会追问，作为一名管理者，你对这位员工的行为是奖励还是批评，还是既不奖励、也不批评，进行冷处理？

这个案例常常会引起课堂上的激烈讨论，因为案例中摆明了一个尴尬的事实：环卫工人在按作业指导书作业，但同时，他的行为显得"傻傻的"，下雨天还洒水，不是多此一举吗？

在课堂上，认为应该"奖励这位环卫工人"的占了大多数，因为环卫工人以作业指导书为准，维护了作业指导书的严肃性。面对作业指导书时，不同的人可能有不同的想法，如果都按自己的想法来，那还要作业指导书干什么呢？

课堂上还有两种值得一提的观点。第一，从务实的角度看，环卫工人可以请示一下到底要不要洒水再行动；第二，如果关系重大，又明知错误，如作业指导上规定使用的材料规格错误，则员工必须将问题提出来，得到相关人员核实信息后，再采取进一步的动作。

无论观点如何，有一个道理是非常明确的，作业指导书一定要严谨，否则会误导员工，甚至使员工不知所措。

从上述两个关于"作业指导书"的案例中，我们可以得出这样的结论：①作业标准化可以解决很多问题，作业指导书为现场工作提供了便利；②作业指导书必须严谨，还要及时依据员工的意见更新。

三、客户为什么重视作业指导书

作业指导书是以人的作业为关注点，对人的作业做出规定的一种标准化文件。客户到企业进行现场参观时，经常会关注现场的作业指导书。

一次，一个朋友问："我们的作业现场已经有了操作规程与工艺规范，为什么客户还要求我们单独制作作业指导书？"

操作规程、工艺规范及作业指导书都属于现场标准化文件，为什么客户会对作业指导书"情有独钟"，提出特别的要求呢？我们来梳理一下操作规程、工艺规范及作业指导书的关系。

① 操作规程，针对设备操作编写，说明设备操作的注意事项，主要是为了防止误操作及确保操作安全。因此不少设备的操作规程，直接被命名为"安全操作规范"。同一类设备有一份操作规程就可以了。

② 工艺规范也称为工艺卡片，主要用于设定加工过程中的产品参数或工艺参数，比如加工过程中的进刀距离、产品尺寸等。工艺规范主要针对"工艺主导型"的工序作业，比如车床加工、电镀、烘箱作业等。

③ 作业指导书（Standard Operation Procedure，SOP），主要指导员工的作业过程，包括作业步骤、注意事项、检查要点等。SOP 仅用作指导员工的作业。

由上述内容可知，这是 3 类完全不同的文件形式。但是，这 3 者之间有一定的互通性。

① 若工序上的设备操作特别简单，那么可将操作规程中的要求放进 SOP 中，方便员工从一份文件中了解所有的相关信息。

② 在工艺主导型的工序中，如果员工的作业非常简单，那么一份工艺规范就足够了，或者可以在工艺规范中加入简略的员工作业要求。

③ 如果员工因素的作业影响较大或作业过程有清晰阐明的必要，那么无论是怎样的工序，都应该有相应的 SOP。

事实上，生产作业中，人是一个非常重要的因素，虽然设备工艺参数说得清清楚楚，但仍有可能出现员工误操作或产品放置定位不准确等情况，因此指导员工的作业操作的 SOP 一直是现场的一份重要文件。

这就是在现场参观或审核时，虽然现场已经有操作规程或工艺规范，客户出于谨慎的态度，还是会要求制定相应的详细的 SOP 的原因。

注：作业指导书有时也被称为作业指引（Work Instruction，WI）。

四、编制新产品作业指导书的 8 个步骤

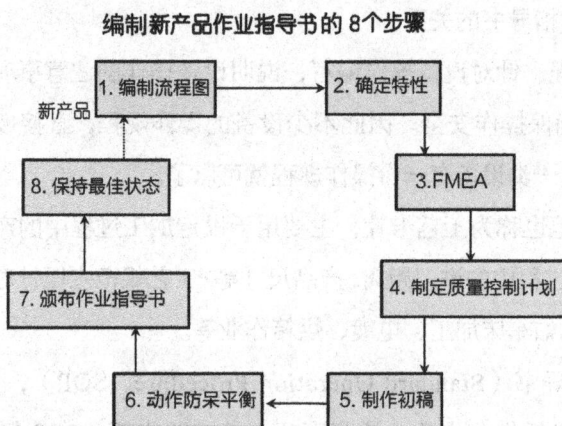

编制新产品作业指导书的 8 个步骤

```
              1. 编制流程图  →  2. 确定特性
新产品
 8. 保持最佳状态              3.FMEA
                              ↓
 7. 颁布作业指导书        4. 制定质量控制计划
                              ↓
 6. 动作防呆平衡  ←  5. 制作初稿
```

从质量管理的 3 个原则中的早鸟原则可知，新产品质量是一个质量管控源头，而新产品作业指导书吸纳了从设计分析到样品试制过程中的各种经验与改善成果，因此它是量产阶段产品质量的重要保障。新产品作业指导书的编制共分为 8 个步骤。

1. 编制流程图

根据现有的设备及工艺及产品的生产流程，标明了一道道工序流程的图就叫流程图。流程图清晰地标明了生产产品需要进行的工序，而作业指导书就是依据工序制作出来的作业指导文件。因此，作业指导书也称为工序作业指导书。

2. 确定特性

特性分为两类，一类是过程特性，一类是产品特性。

过程特性指温度、压力、时间、进刀距离等施加于产品的能使产品发生变化的特性。比如，淬火过程的温度应为多少、时间应为多少，这就是过程特性。淬火之后，产品的硬度会发生相应的变化。

确定过程特性的目的是达成产品特性。产品并不是一蹴而就的，在一道道工序的过程特性的作用下，产品会逐步发生变化，最终形成成品。

产品特性是指在过程特性的作用下，产品应达成的特性，上述产品经过淬火过程得到的产品硬度就是产品特性。

确定特性的目的在于，明确工序需要怎样的过程特性，以及应达成怎样的产品特性，作业指导书的目的就是要确保每个工序的特性能得到精准的控制。

3. FMEA

失效模式及后果分析（Failure Mode & Effect Analysis，FMEA）指对失效模式及后果进行分析并改善。事先对可能的失效模式进行分析，从而管控失效的风险。对风险较高的作业进行改进，直到风险处在可控范围内。

客户要求生产之前必须先实施 FMEA 的原因在于，有效管控潜在风险，并将之降低到可控范围内。

FMEA 技术在汽车、航天等行业运用得十分普遍，一般企业即使不用 FMEA 的专业技术，也要开展必要的风险分析与改善工作。

4. 制订质量控制计划

经过 FMEA 后，明确各种管控手段，并确保这些手段在生产过程中得以运用，这就是质量控制计划的作用。

质量控制计划明确每道工序的管控手段并将一道道工序串联起来进行整体性控制，以确保整个过程的质量。但它并未对每一道工序的作业做细致的规定，因此，这需要进一步制作作业指导书。

5. 制作初稿

此处制作的初稿指在质量控制计划的基础上制作作业指导书的初稿，要体现出"对各种特性的明确规定""对管控手段的细化说明""明确员工作业的步骤与注意事项"等内容。

6. 动作防呆平衡

为使员工作业更轻松、作业效率更高，就需要在作业指导书中加入"动作优化、防呆深化、兼顾生产线平衡"的内容。

注：防呆是指运用一定的方法和装置来减少人为错误，其内容主要包括断根原理、保险原理、自动原理、相符原理、顺序原理、复制原理、层别原理、隔离原理、警告原理及缓和原理 10 大原理。

7. 颁布作业指导书

作业指导书按既定格式编制完成，经过一定审核之后，即可颁布使用。

8. 保持最佳状态

生产线一直处于相对动态变化中，对作业指导书有影响的动态的内容主要包括以下几点：①员工提出反馈意见；②客户技术标准的变更；③工装夹具的优化；④发现更好的作业方法等。这就需要不断地更新作业指导书，使其保持最佳状态，从而发挥出最佳价值。

从流程图到作业指导书的演变

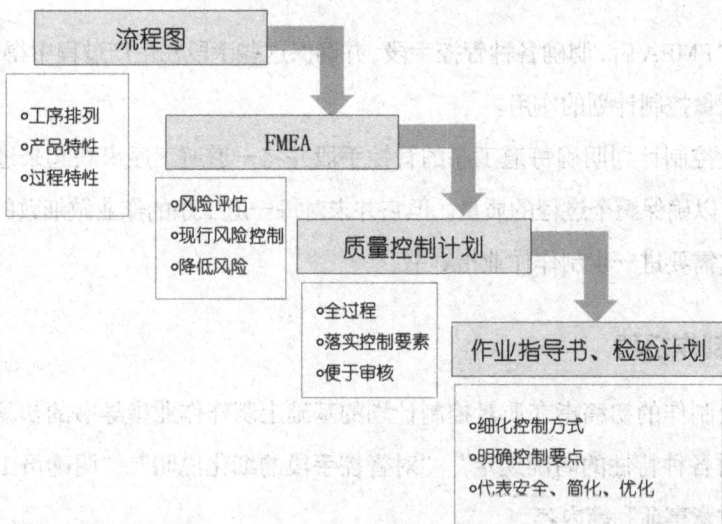

```
┌──────────────┐
│    流程图     │
└──────────────┘
  ○工序排列            ┌──────────────┐
  ○产品特性            │    FMEA      │
  ○过程特性            └──────────────┘
            ○风险评估            ┌──────────────────┐
            ○现行风险控制         │   质量控制计划    │
            ○降低风险            └──────────────────┘
                      ○全过程              ┌────────────────────────┐
                      ○落实控制要素         │  作业指导书、检验计划   │
                      ○便于审核            └────────────────────────┘
                                ○细化控制方式
                                ○明确控制要点
                                ○代表安全、简化、优化
```

五、作业指导书的基本格式

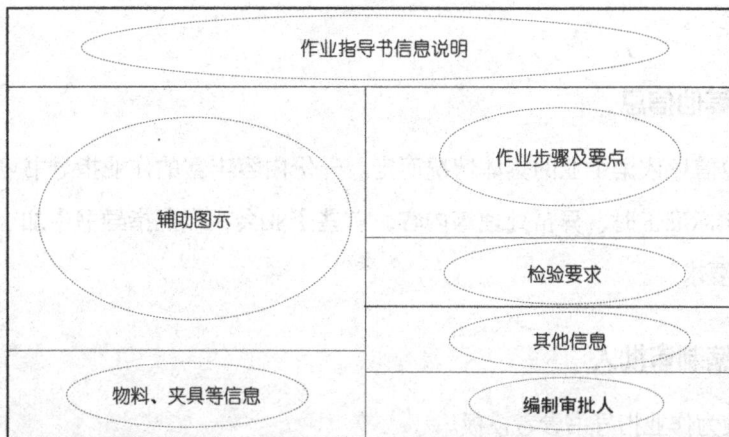

作业指导书的基本格式

作业指导书信息说明	
辅助图示	作业步骤及要点
	检验要求
	其他信息
物料、夹具等信息	编制审批人

作业指导书尽量以 1 页纸（A4 纸或 A3 纸）的形式呈现，方便张贴展示。一家企业的作业指导书的格式应统一，通常作业指导书包括以下 7 个元素。

1. 作业指导书信息说明

作业指导书信息说明即作业指导书的名称、适用范围、版本号、编制审批人等信息。写明这些信息是为了防止作业指导书被误用，以及遇到问题时可及时联络到相关人员。

2. 辅助图示

辅助图示即用图示的形式展示作业步骤及要点，以便于员工理解。

3. 物料、夹具等信息

该部分信息用于明确所用物料、数量、型号等，以及生产检验所用的工装或仪器，确保生产可以正常进行。

4. 作业步骤及要点

要点就是我们后面将要讲到的"关键点"。作业步骤及要点是作业指导书的核心内容。

5. 检验要求

其重点在于生产过程中的自检要求，必要时，可加上"针对上一道工序产品的检验"。

6. 其他信息

其他信息依据企业的具体情况而定。一份内容丰富的作业指导书可能还会包括诸如标准工时、异常处理等内容，有些企业会在作业指导书中加上"本工位的 5S 要求"。

7. 编制审批人

下表为作业指导书参考模板。

××××有限公司		作业指导书	工序名称		版本号	1.0
适用产品		参考工时	上一道工序		下一道工序	
作业前检查						
作业步骤及要点			图示			
1						
2						
3						
4						
5						
6			所用设备 / 工具		设定条件	
7						
异常处理						
作业后检查						
本工位的 5S 要求			编制人：	审核人：	发布日期：	

编制作业指导书应遵守以下 3 项原则。

① KISS 原则。

KISS 是 Keep It Simple & Stupid 的英文缩写，即尽量简化与傻瓜化。小时候，我们喜欢看小人书，因为它符合 KISS 原则，图片让人兴趣盎然，同时，文字简练，小孩子读起来也不费劲。

② 最优原则。

应当将当下最简化、最安全、最优化的作业步骤与方法呈现出来。

③ 员工是不落笔的签署者。

作业指导书上的签署者一般为不同部门的主管，比如工艺部、生产部、质量部等。事实上，员工才是这些作业指导书的真正使用者，如果不倾听员工的意见，那么这些作业指导书的实用性将大打折扣。从这个角度讲，员工是不落笔的签署者，也就是说，员工虽然没在作业指导书上签字，但他们的意见很重要。

六、作业指导书的优化

国内的企业经过这些年的发展，大多都有作业指导书，但作业指导书并未发挥其应有的价值，这反映出了以下一些典型的问题。

1. 长期不更新

按照日本质量管理学家石川馨的说法，6 个月后没有对编制标准进行更新，则说明标准并未发挥作用。

一次我走进一家企业现场，发现墙上贴的规章制度、作业说明等，都是多年前的文件，有的还落满了灰尘。可以说，这样的现象在很多企业非常常见，作业指导书等文件长期不更新，即便员工真的想用这些文件指导工作，因与当下的情况不匹配，其价值也几乎消失殆尽。

2. 员工不愿看

编制作业指导书的人把编制作业指导书当作一项任务，或者将作业指导书当作应付客户的工具。员工对此似乎也心知肚明，因此他们通常不会遵循作业指导书的要求，只会按照自己的方式作业。

3. 实用价值低

有些企业的作业指导书只有空洞的描述，提升作业效率的价值低下，而且仔细观察会发现，有些作业指导书甚至有明显的错字或设置了错误的规范。

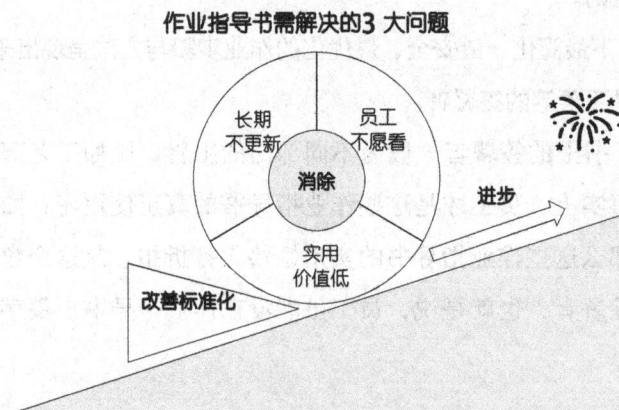

作业指导书需解决的3 大问题

一次，我在某企业的作业现场看到，作业台面上平贴着彩色的作业指导书，作业台面很大，上面堆着很多零部件，员工要想阅读这些漂亮的作业指导书，需要站起来，伸长脖子才能勉强看到。同时，每个作业台面并没连在一起，而是隔着一点距离，我实在是找不到为何不将各工序的物理距离变短一些的理由。产品框放在作业台面的对面，而不是放置在员工身边，取放产品并不方便。这些都说明，有作业指导书并不意味着它们发挥了作用，也不意味着它们代表着"简化"或"优化"的作业方法。

网上曾流传着一份打蚊子的作业说明，内容如下：

① 听见蚊子在耳边嗡嗡响；

② 开灯；

③ 在周围（通常是墙上或床头）找到蚊子；

④ 打死。

这就是我们平常打蚊子时会做的几件事，起不到任何"更快、更精准地打蚊子"的指导作用。

现在企业不能满足于作业指导书的"有"，需要追求作业指导书的"好"，即能发挥作业指导书的价值，那么什么才是好的作业指导书呢？

好的作业指导书的 5 个方面

（1）可视化。

（2）描述清楚、具体。

（3）抓住关键点。

（4）对员工作业进行必要的优化。

（5）开展必要的宣传。

（1）可视化。

与以往不同，现在由于智能手机的普及，拍摄现场作业的照片非常容易，配以可视化的图片几乎算得上是作业指导书在当前的"标配"。

（2）描述清楚、具体。

尽量给出量化指标，避免出现模糊的描述。举个例子，"温度升到发烫为止"不如"温度加热到 80 摄氏度"来得清楚具体。清楚具体的描述，一方面易于理解，同时也便于参照比对。

当然在某些时候，某些指标难以量化，比如人对美的认知，但也需要尽可能用文字进行必要的描述。

（3）抓住关键点。

从某种意义上讲，关键点是作业指导书的核心之一。缺乏关键点，犹如上面所述的"打蚊子作业说明"，缺乏了参考的价值。那什么是关键点呢？丰田公司给出了答案，凡是符合以下 3 个特征之一的即为作业关键点：关乎安全；关乎作业成败，指如果不采用这个方法就无法完成作业；使作业变得更容易的方法或步骤。

（4）对员工作业进行必要的优化。

对员工作业进行优化能使员工作业更加便捷，并增强员工的成就感。当前，虽然提倡智能制造或无人工厂，但基于现实情况，人工作业仍将长期存在。下面举一些优化员工作业的例子。

在某位客户家里装窗户时，安装师傅拿出了他的铁扳手，铁扳手的把手是圆筒状的，另一端焊接了紧固螺丝用的套筒，这样安装师傅在高处作业时，一把铁扳手能够多用，不需要上下拿取工具，提升了安装效率。

某生产钣金控制箱的企业，以往进行成品检验时，检验员需要绕着控制箱走一圈来检验控制箱的外观是否有缺陷，而现在将控制箱放置在带有转盘的台面上，检验员只需转动转盘，就可以方便地进行检验。

某生产电视机的企业，以往进行产品终检时，检验员检验完产品背面后需要将产品旋转过来检验产品的正面。现在，在终检工位上安装了一面明亮的镜子对着电视机的正面，当检验员检验完背面后，只需通过镜子，无须将产品转过来，就可以检验到电视机的正面，大大提升了检验效率。

家里煎蛋时蛋液会散开，一般酒店里煎蛋，会用一个圆箍将蛋液箍在其中，从而使煎蛋的效率大为提升。

事实上，作业中运用一定工装夹具，能有效地提升作业效率。比如，用定位销进行定位，无须依赖人的经验，就能对产品精准定位，使其具有防呆功能。

（5）开展必要的宣传。

企业要运用作业指导书对员工开展教育工作。

要做好作业指导书，需要有一定的匠人精神。发展得好的企业在作业指导书上都下过一番功夫。

企业家曹德旺曾这样描述自己做作业指导书的故事。

为了保证产品质量与成本控制，我自己起草了夹层玻璃各生产工序的作业指导书。……在写作业指导书的同时，我又重新设计了一张产品质量统计表，并出台新的规定：工人入岗必须接受应知应会培训，推出目标管理制度。……

精益生产创立者丰田公司原副社长大野耐一也表达过类似的观点。

在副社长室里冥思苦想，倒不如到生产现场的各个角落直接获取第一手的生产信息和感受直接的刺激。

同样，一份好的作业指导书在办公桌上是编写不出来的，要多次到第一生产现场观察、实践，加以反复修改，才能制定出一份完美的、令每个人都能看明白的作业指导书。

关于作业指导书的关键点，我们前面提到，只要符合3个特征之一就是关键点，即关乎安全、关乎作业成败和使作业变得更容易的方法或步骤。我们可以举一个生活中的例子来理解这3个特征。

如何将鲫鱼汤烧得奶白且味道鲜美？这里面有没有"关乎安全"的内容？有，比如防止被鱼汤烫着、防止忘记关煤气等。有没有"关乎作业成败"的内容？有，煎好鱼后，需放入热水烧汤。有没有"使作业变得更容易的方法或步骤"？有，先大火炖4分钟，再小火慢炖15分钟，鱼汤既烧得快，味道还鲜美。

当然，这只是举个例子，生活中可能有比上面的描述更好的烧鲫鱼汤的方法。当我们在作业指导书中将关键点讲清楚时，这份作业指导书的价值就会显现出来，同时能得到员工的认可。

前面讲了好的作业指导书的5个方面，做到这5个方面，作业指导书的价值就会显现出来。事实上，在"好"的基础上，还有一些"优化"的机会，主要包括以下内容。

① 对失效模式及后果进行分析。
② 运用防呆法。

③兼顾生产线平衡等。

作业指导书的 3 个层次

作业指导书可分为 3 个层次，分别是"有""好""优"。

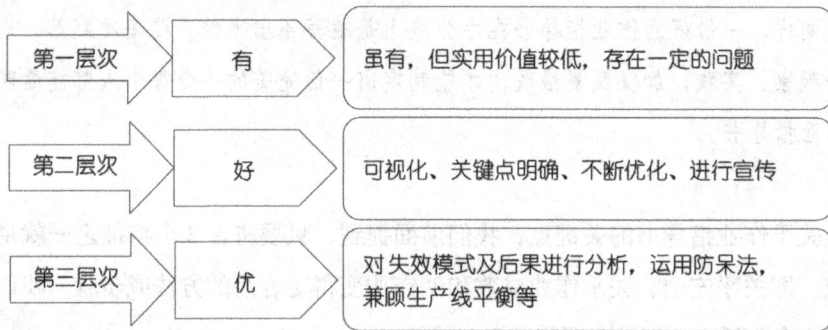

第一层次	→	有	→	虽有，但实用价值较低，存在一定的问题
第二层次	→	好	→	可视化、关键点明确、不断优化、进行宣传
第三层次	→	优	→	对失效模式及后果进行分析，运用防呆法，兼顾生产线平衡等

七、我们该做些什么

作业指导书是一项基础性工作，我们可以从 7 个方面来审视及完善这项工作。

1. 明确格式

确定恰当的格式，作业指导书通常以 1 页纸（A4 纸或 A3 纸）呈现，以便于展示。

2. 查漏补缺

我们需要对应该有作业指导书而事实上却没有的地方进行作业指导书的补充编写。比如返工产品的质量不易于控制且不便于追溯，那么就应该编写一份"返工作业指导书"。在查漏补缺的同时，我们也需要查看一下有没有多余的或可以合并的记录表格等以防止文件过多。

3. 确保及时更新

我们可制作一张作业指导书清单，标注作业指导书的版本号与最新的更新日期，重点审查颁布超过 1 年且尚未更新的文件的有效性。检查点包括以下内容：① 新技术参数；② 新的作业步骤；③ 已优化的作业步骤；④ 表述的正确性；⑤ 格式的更新；⑥ 新的工装夹具说明；⑦ 新的检查说明；⑧ 新的标准工时要求等。

4. 与关联文件的比对

我们可以将作业指导书与工艺规范、质量控制计划、客户技术要求等进行比对，以消除矛盾或不一致的地方。

5. 倾听员工意见

我们可以请员工发表对作业指导书的意见，特别是员工认为不合理的地方或错误的地方。我们应收集这些意见，并对作业指导书进行修改，如原先的规定确有道理，我们应给予员工及时的反馈。

为激发员工提意见的热情，我们也可制定一定的奖励措施。

6. 对员工的培训和考核

我们需要利用较为完善的作业指导书对员工进行培训和考核。

7. 巡线时检查员工对作业指导书的遵守状况

班组长在巡线时应检查员工是否按作业指导书的要求作业，如果有不遵守作业指导书的情况，了解缘由，并对员工进行指导或者对作业指导书进行优化。

作业指导书在生产现场主要有 4 种作用：①指导员工作业，这是作业指导书最主要的作用；②依据作业指导书，对员工开展作业教导或培训；③管理人员巡查生产线时，留意员工是否按作业指导书作业；④一项改善完成后，与作业相关的部分应更新到作业指导书中去，以固化改善成果。

作业指导书在生产现场的 4 种主要作用

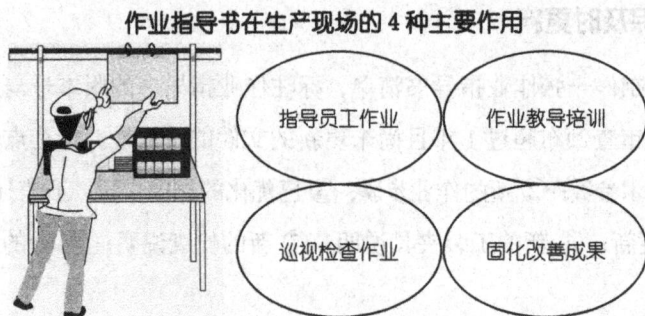

指导员工作业

作业教导培训

巡视检查作业

固化改善成果

延伸阅读：如何开展工作教导

工作教导，也称为作业教导或作业培训，是作业指导书的必要补充内容。

例如一个人进入肯德基工作，领班对他说一句："你看作业指导书吧。"然后直接安排他进行作业，这样是不合情理的，同时，也是非常容易出差错的。领班总得教一教他，评估并确认他已经基本掌握了技能，再安排他进行作业，这才是正确的做法。

工作教导这个词源自美国的一线管理者督导训练技术。

第二次世界大战期间，美国工业界人士在泰勒等人的作业优化方法的基础上开发出专门用于提升生产效率的一套方法，称为一线管理者训练技术。该技术分为 3 大部分，第一部分为工作教导，即教会员工如何作业；第二部分为作业改善，通过对现状的质疑找到可改善作业的方法；第三部分为工作关系，良好的工作关系有助于效率的提升。

工作教导首先划分了责任，明确"徒弟没学会，是师傅没教好"的理念。这样，师傅不会随意责备徒弟。

由此，工作教导方法得以明确，从而尽可能为学习者营造一个轻松的氛围。

郭靖跟着江南七怪学武功，长进甚微，师父一想到日后郭靖要跟杨康比武，心里焦虑不堪，常常痛斥郭靖，郭靖越想用功就越不得劲，为此也常常自责，缺乏信心。直到马钰道长出现，他将郭靖带到山上，教他放松之术，并点拨他练武的关键，自此郭靖的武功开始突飞猛进。

工作教导方法还明确了教导的第一原则为有耐心。每个人的理解能力是不同的，有些作业要求对某些人来说很简单，但对另一些人而言可能会很难，针对具体对象施教时，教导者必须要有足够的耐心。

一位员工私下里抱怨："主任安排了好多任务，还是以一种非常不屑的语气说的，说什么随便弄弄，那么容易，你自己来呀。上次让我随便弄弄，后来又全盘否定，让我重弄。这让我想辞职的想法越来越强烈。"这位员工的吐槽告诉我们，管理者眼中的"随便弄弄的事情"，在员工看来，未必简单轻松。

为此，工作教导可分解为 4 个步骤，按照这 4 个步骤循序渐进，打破某些教导者总想着一蹴而就的想法，能大大地增强工作教导的有效性。

这 4 个步骤的内容分别如下。

（1）学习准备

① 让学习者保持轻松的心情。

② 将学习内容告知学习者。

③ 了解学习者对于工作的认知程度。

（2）传授工作

① 讲解并演示主要步骤。

② 强调工作要点。

③ 清楚地、完整地、耐心地教导。

（3）试做

① 让学习者试做，并纠正其错误。

② 让学习者一边试做，一边说出主要步骤。

③ 再让学习者做一遍，同时说出要点。

④ 直到学习者真正掌握为止。

（4）考核成效

① 让学习者上线工作，并指定协助人。

② 进行必要的跟进了解，鼓励发问。

③ 直到学习者可以完全独立作业。

这就是工作教导方法的 4 个步骤，企业可将这 4 个步骤制作成卡片，对员工进行工作教导时，教导者可随时拿出卡片对照着开展教导工作。

通过这 4 个步骤，并发挥作业指导书的作用，员工很快就能够掌握作业方法与要领，达成品质要求。

第三章

CHAPTER 3

如何提升员工的质量意识

管理者喜欢将质量问题的原因归结为员工缺乏质量意识。

"为什么产品又出错了？"

"唉，我们的员工缺乏质量意识，不知道说了多少遍了，就是不改。"

大多数时候，员工缺乏质量意识是管理者的托词或借口，很少有人去探究什么是质量意识，以及如何提升员工的质量意识。

一、什么是质量意识

人们通常所说的质量意识，主要指对质量的重视与认真程度以及原则性的坚守。这个定义对管理者同样适用。事实上，员工的质量意识很大程度上取决于管理者的引导。如果管理者缺乏原则性的坚守，员工很难有好的质量意识。

齐国有个国君喜欢看妇女穿男装，觉得看上去别有一番风韵，为此他下了一道命令：内宫里所有的嫔妃、侍女都要女扮男装。没多久，这成了齐国上下的一种风气，以至于在大街上人们无法辨认性别。国君听到这个消息后很生气，下令让各地官吏禁止这种行为，但就是禁止不了。国君问晏子这是怎么回事？晏子回答："大王在内宫让女人穿男人的衣服，却想在官外禁止女扮男装，犹如'挂牛头卖狗肉'，怎么能禁止呢？"国君恍然大悟，停止了让宫内的嫔妃、侍女女扮男装的做法，很快，这种风气在全国刹住了。这个故事说明，凡事只有领导者身体力行，才能令行禁止。

提升员工的质量意识的目的是什么？说白了，就是要降低因人为失误产生的不合格品。从员工作业的角度来看，减少不良的唯一方法就是按照作业指导书（或检验指导书）作业。如果没有作业指导书，每个人都按自己的方式作业，既无法确保品质，更无法确保效率。作业指导书代表着最简单、最安全、最优化的作业方法。

为了及时发现产品问题，企业还需要培训员工掌握必要的检验方法，鼓励他们及时反馈问题。及时反馈问题是前面所讲的质量管理的3个原则中早鸟原则的运用。进而形成一种氛围，即鼓励员工参与到改善中来，人人都是质量改善的参与者。由此，我梳理出员工质量意识的3个重点。

员工质量意识的3个重点

① 遵守作业（检验）指导书。

② 掌握必要的检验方法，有问题及时反馈。

③ 参与到改善中来。

有了这 3 个重点，本来比较抽象的质量意识逐渐变得清晰具体，我们就可以针对这些重点施以对策。另外，我们也要看到，如果员工缺乏质量意识，确实可能导致各种问题：① 漏装零件；② 装错零件；③ 不按作业指导书作业；④ 不能有效发现问题；⑤ 现场混乱；⑥ 不断返工；⑦ 客户抱怨；⑧ 订单减少等。

员工的质量意识的 3 个重点可进一步分解为 8 项内容，从而更方便企业对员工进行关于质量意识的培训和提出更为明确的要求，这 8 项内容具体如下。

① 按标准作业。

② 做好本职工作，不给他人添麻烦。

③ 掌握必要的检验方法。

④ 真实填写各类报表。

⑤ 积极汇报现场问题。

⑥ 参与到改善中来。

⑦ 善于学习，不断提升自我。

⑧ 质量是全体人员的事务。

管理人员需切记，员工的质量意识与管理人员的工作密切相关，包括优化作业指导书、对员工反映的问题的反馈、开展对员工的培训工作以及引导建立良好的改善氛围。

二、如何提升员工的质量意识

某企业总经理拜访客户时，了解到自己企业产生的人为错误很多，于是，总经理回来后叫来了质量经理王刚，对他说："必须下功夫提升员工的质量意识，我需要在一个月内看到成效。"

王刚认为，如果要提升员工的质量意识，就得从我们上面提到的 3 个重点入手。然而，他发现员工并没有按作业指导书作业的习惯，其原因不在员工身上，而是作业指导书自身存在着不少问题：① 长期不更新；② 作业指导书的先进性落后于实际作业，也就是说，员工的实际作业优于作业指导书上的作业指导要求；③ 作业指导书描述不准确，存在明显的错误。

此外，他发现员工的检验技能并不强，比如有些员工不会读游标卡尺上的读数，由于主观性因素，不同员工检验产品外观的结果千差万别。

他还发现，班组长技能严重不足，他们不会教导员工作业，不能在巡查生产线时及时发现问题。

于是，他罗列了一份改善计划，主要包括以下内容。

① 对作业指导书的改善：重新评审作业指导书，纠正其中的问题点；检验标准全覆盖，改善之前检验标准不全的状况；提升作业指导书的图示释义功能。

② 对员工检验技能的培训：开展关于游标卡尺检验技能、外观检验技能的培训，并安排相应的考核。

③ 对班组长技能的培训：开展关于巡线巡查技能、提升工作教导能力的培训，并组织班组长对质量意识的相关知识进行学习。

④ 促进全员改善：开展员工访谈，收集各种改善意见等。

这份改善计划得到了总经理及其他部门的大力支持，因此，很快就产生了成效。

通常而言，要想提升员工的质量意识，可从以下 6 个方面着手。

① 完善并优化作业指导书。缺乏完善的作业指导书，员工作业时就缺乏了参照的依据。

② 利用早会宣传质量意识。早会可被视作一个提升员工质量意识的突破口。

③ 运用质量可视化看板，如质量意识的宣传、不良的展示等。

④ 员工检验技能的提升。通过培训考核等方式提升员工的检验技能，减小不同员工在检验结果方面的差异，有助于及时发现问题。

⑤ 提升班组长的相关技能，如工作教导能力、巡线巡查技能、掌握质量意识的相关知识等。

⑥ 开展必要的质量改善活动，如 QC 小组活动，即让更多的人参与到改善中来，并培育一种全员改善的氛围。

某企业规定，班组长需接受的培训课程包括 5S 管理、PDCA 的运用、产品工艺知识、班组长角色认知、作业动作优化技巧、标准化作业、工作教导知识以及早会推进技巧等。

　　一家日企规定，所有新进管理人员必须经过为期两天的品质控制知识学习，考核通过并获得证书后，方可正式上岗工作。

三、不合格品的基本处置

　　前面我们说过，提升员工的质量意识的目的在于减少因人为因素造成的不合格品。而对于已产生的不合格品，我们也需要教导员工做好基本的处置工作。

　　① 标识：通常以贴贴纸的方式标识不良位置与类型。

　　"小王，这几个产品是因为什么问题被放在不合格品框内的？"主管发问。

　　"哦，让我看看，应该是因为外观不良。"员工回答。

　　"外观不良，哪里的外观不良？"主管继续问。

　　员工盯着这些产品看了半天，才确认其中的不良位置及类型。还有一两个产品已经找不出到底因何原因被放置在了不合格品框内，当然员工也不敢把这些产品拿回去当合格品用。

　　② 隔离：将不合格品与合格品隔离放置，防止误拿误用。这一点是 ISO 质量体系明文规定的要求，也是客户或第三方审核检查的重点。通常，企业在这方面做得还算可以，会设有不合格品区域或不合格品框。

　　③ 记录：记录不良数据，便于后续统计分析。遇到质量问题时，这些数据会成为分析的依据。

　　④ 汇报：当不良率超出了一定界限时，应及时向上级汇报，以找出问题产生的原因并予以改善。

　　松下公司在员工质量培训教材中告知全体员工，在 4 种情况下容易出现不合格品，需特别注意。①人员变动的时候，比如新员工上线，或者交接班刚完成时；②新设备上线的时候，或运用新的工装夹具时；③新的供应商供料上线使用时；

④采用了新的工艺方法时。这些注意事项的明确也就是前面质量管理的3个原则中的稳定原则的体现。

飞利浦公司有一个被称作"OCAP"的处置流程，OCAP 是 Out of Control Action Plan 的首字母缩写，即失控行动计划。工厂设定好生产稳定状态下不合格率的上下控制线，一旦不合格品率超过这个控制线，则进入 OACP 处置流程，不良数据将立即上报给工厂厂长，厂长需召集各部门经理商讨，以尽快解决不合格率超出常态的问题。

四、出了质量问题，先罚谁

罚款是企业在发生质量问题后采用的经常性手段，意图以此让员工"长记性"。

一次，一位班组长问："如果产品出现质量问题是要对员工进行罚款的（少则几百、多则上万），主任让我来制定具体措施，我感觉有点困难，你能告诉我该如何做吗？"

记得当时我给这位班组长的回复非常简单："顺序搞错了，要罚也要先罚主任，出现质量问题，首先担责的应该是管理人员。"

1. 罚款掩盖了管理缺陷

罚款是"非正常"的管理手段，是无奈之举。更多时候，"罚款"掩盖了管理缺陷。

有一次，客户将企业内的主要管理流程发给了我，包括采购流程、仓管检验流程等，每个流程里大约有10多处有"如做错，罚款××元"的字眼。这样的流程规定，本身就存在缺陷。

在某些时候某个特定的场景下，是需要进行罚款的，但不能依赖于"罚款"

来维系流程的效率。它忽略了管理人员的职责，在一定程度上表现为管理无能。管理人员应该去分析"为什么执行效果差？""为什么问题重复出现？""应该采取怎样的措施？""应该制定怎样的职责要求？"

如果不进行这样的分析，那么"罚款"就是将管理人员的管理职责转嫁给了员工，会打击或削弱士气。

2. 罚款先罚管理人员

人非圣贤，孰能无过。

企业通常会鼓励员工一次性将工作做好，尽量不犯错误，但事实上，人不可能不犯错误，特别是"日复一日、重复性地作业"。

古代帝王有一种"罪己诏"，如战争失利、各地造反等，帝王需要检讨自己的责任。三国时期，诸葛亮北伐失利，自己上书申请降职，从宰相降为了副宰相。

管理人员首先拥有的是责任，而不是权力。为了让管理人员承担责任，才相应地赋予其权力。因此，出现问题时，首先应该追究的是管理人员的责任。

3. 罚款有据有度

如果出现有意犯错、累教不改、教唆他人这3种情况，可考虑实施罚款。实施罚款不能依据管理人员的心情好坏，全凭一张嘴来罚。

现场审核中的不符合项，如物品未按规定摆放、未标识不合格品、未按工艺文件作业等，如有违反，初次罚多少，再犯罚多少，造成严重后果的罚多少，都应该有明确的规定。

如果要罚款（当然尽量避免罚款这样的"管理行为"），也应该有据有度，秉公执行，一视同仁。

五、利用早会提升质量意识

早会歌

上班提前十分钟，

开好早会再开工。

一二三四五六七，

工作轻松又有序。

早会有其独特的价值，在提升员工的质量意识等方面能起到较好的作用，早会可被视作提升员工质量意识的一个突破口。

有段时间，我需要早上准时到地铁站乘地铁，由于时间掐得很准，我每天走进地铁站时，都刚好看到地铁工作人员排成两排在开早会。

日复一日的早会，对工作要求的不断强化，使得地铁工作人员的专业性得以呈现。例如，当乘客拿着交通卡去充值时，工作人员一边娴熟地作业，一边不厌其烦地抬起右手指着窗口的显示器，说："先生，您卡内余额××元，充值××元，现有余额××元。"手指口述的这一套做法正是来自日本的一种叫作"指差确认"的管理方法。从这个细节中可以看出，地铁工作人员训练有素。

不得不说，早会的宣导对地铁工作人员形成良好的工作作风起到了很大的促进作用。

如果每天什么都不跟员工强调，那么1的365次方还是1，如果每天强调那么一点点，1.001的365次方就会明显大于1（约等于1.44）。每日早会的累积效应是非常明显的。

早会上可强调或强化的质量信息包括：①作业要点的强调；②客户反馈信

息的说明，如客户对质量的抱怨，或客户关于质量要求的传递；③工程变更或新图纸的说明，防止继续使用旧的技术规范；④特采或极限样品的说明（特采是指在特殊情况下，经客户同意的质量放行，告知员工特采信息，防止员工混淆质量标准；极限样品通常指经客户或内部工程师签字确认过的判定样品，超过样品的缺陷是不能接受的）；⑤质量改善的说明，向员工说明当前正在进行的改善及其进展；⑥知识性信息，特别是管理人员参加完外部培训回来后，应将有用的知识分享给员工。

给某企业辅导时，我推进了早会制度，考虑到该企业原本不开早会，依据循序渐进的原则，设定了每周一次的早会。一段时间后，我开展员工调研，其中一个问题是"如何看待早会，你觉得早会有无必要？"调研结果令人惊奇，几乎所有调研对象都认为早会是有必要的。由此可见，员工也需要早会这样一个沟通及了解信息的平台。

要开好早会，通常需具备两个条件：一个就是管理者应认识到早会的意义，否则，他（她）就会敷衍，如果每次开早会只是将员工召集在一起，点个名就散了，这样的早会肯定不会受员工欢迎；另一个条件就是，做必要的准备，以便抓住重点，要有条理地进行讲解。

企业内不同的管理人员开早会的风格不一，有必要让他们相互参与彼此的早会，取长补短，提升开早会的技巧。

有一位主管擅长对员工进行表扬，每天他会将员工好的举止行为拍下来，第二天开早会时，他就将这些照片展示给员工看，极大地鼓舞了士气。

有些企业要求员工在早会上喊品质口号，诸如"产品在手中，质量在心中""品质时时抓，改善人人夸"，在得到员工认可的情形下，喊口号在一定程度上可以提升与鼓舞士气。

对早会的效果进行验证，通常有两个维度，一个是员工的认可，另一个是现场的转变。

六、关于质量的 4 个故事

1. 亏 6 万不如亏 8 万

一家小型建筑企业在县城有了一定的发展后，进军到省会城市，一开始只接到一个小项目，由于项目被层层转包，该企业算了下账，预计做下来要亏损 6 万元。

企业总经理想到这个项目来之不易，对手下员工说了这么一句话："亏 6 万（元）不如亏 8 万（元），我们要高品质地完成这个项目。"结果，团队以 70 天时间完成了原本需要 140 天才能完成的项目。在当地的工程项目评比中，该项目以各项指标全优通过验收。自此，这家企业快速发展成为全国知名的建筑企业。

这个故事告诉我们，质量就是口碑，优于竞争对手的质量能为企业赢得市场。

2. 质量十二禁令

在董明珠之前，格力的董事长叫朱江洪。有一次格力在意大利开展用户调查，一台正在试运行的空调发出"哗哗"的响声，意大利客户自然不悦地质问朱江洪。面红耳赤的朱江洪亲自拆机检查，发现罪魁祸首居然是一块没有粘紧的海绵落在了风叶上！

回国后，执拗的朱江洪立即起草了"质量十二禁令"。一位曾经被评为先进个人的员工违反了禁令的第八条，即"严禁违反制冷系统防尘防水操作规范"，尽管同事一再为他求情，最终他还是没能继续留在格力。

这个故事告诉我们这样的道理：①面对问题，绝不能轻易放过；②要制定必要的质量规则；③若违背规则，应得到惩罚。

3. 任正非的"奖状"

有段时间，华为发展迅速，但质量问题也随之凸显，客户抱怨增多，工程师们奔波于各个现场，维修不合格品，因此带回了很多被退回的电路板。任正非看到这种情景，认为不对劲，于是主持召开了一次质量反思大会。

任正非安排人员将被退回的电路板及一趟趟飞到客户那里的机票装裱在相框内，以此为"奖状"颁给了相关人员。这些"奖状"被放置在他们的办公桌上，以时时激励每一位当事人。反思大会后，华为的产品质量有了明显改观。

这个故事告诉我们，时时刻刻牢记对质量的追求，质量不是万能的，但没有质量是万万不能的。企业的发展必不能以牺牲质量为代价，否则犹如饮鸩止渴，必定成为企业发展的绊脚石。

4. 张瑞敏怒砸冰箱

张瑞敏上任之初，企业员工不把工作当回事，更不要说把质量当回事了。张瑞敏知道这时跟员工谈质量，如对牛弹琴，根本无法说通。于是张瑞敏首先完善企业内部的制度，建立健全奖惩措施，渐渐地，企业内部的风气开始好转。

张瑞敏见时机成熟，让人把车间里的不合格品，也就是有缺陷的冰箱拉到一片空地上，他抡起手中的大锤，对着这些冰箱一顿猛砸。当时，一台冰箱的价格约相当于一名员工半年的工资，员工在一旁看得心惊肉跳。从此，再也没有员工敢将质量不当回事。

这个故事说明，员工的质量意识需要一定的积累过程，作为管理人员，必须为质量树立高标准。

关于质量的故事还有很多，比如业界流传着这样一个故事，说日本人擦桌子，要求一天擦 6 遍，他们会一直坚持下去并认真地擦，这体现了一种敬业精神。

故事中常蕴含着深刻的道理，将这些道理揭示出来，就能感染员工。

一次，宋太祖问大臣赵普，天下何物最大，赵普不敢回答，怕答不好会掉脑袋：皇帝在面前，他不是最大谁最大？宋太祖见他不回答，就继续追问，赵普不敢不答，就说出了心中的答案——道理最大，宋太祖听后，不但没怪罪他，还微微点头称许。

故事是有感染力的，企业在质量建设中应运用好"故事"这个方法来感动员工，就能激发员工参与改善的热情。

延伸阅读：唐僧是个好管理者

唐僧是个好管理者，具有很多值得我们学习的管理特质。什么是管理？为达成目标而实施的可以发挥团队作用的计划、组织、协调、感化等一系列活动。

评价管理者的一个重要方面是评价其管理团队的能力。论武艺，唐僧比不上任何一个徒弟。这说明一个好的管理者，不是非要跟下属比个高低，更重要的是其能否激发出团队中不同人员的能力。就这点而言，唐僧无疑是非常优秀的管理者，他的徒弟们为保护他、护送他取经，可谓不遗余力。

评价管理者的另一个重要方面就是评价其做成事的能力。唐僧团队西天取经成功，无疑达成了最初的目标，做成了事。

1. 唐僧面临的挑战

挑战之一：唐僧没有选人权。孙悟空、八戒、沙僧乃至于白龙马，都是如来佛祖配给唐僧的。这跟现实中的管理特别相似，特别是基层组织，管理者通常没有选人权。唐僧面临的挑战在于，如何将如来佛祖配给的团队管理好。

挑战之二：团队一开始并没有凝聚力。众徒弟都是"戴罪之身"，不跟唐僧去西天取经，意味着无法免罪，所以跟了唐僧之后，众徒弟都巴不得早散早好，快点换回自己的自由身。这也是唐僧面临的挑战。

2. 唐僧的成功离不开那个"他 / 她"

唐僧跟观音菩萨关系特别好,观音菩萨一直默默关注、支持着唐僧,必要时出手相助,让唐僧一路上在遭遇各种困难险阻的时候化险为夷。这给管理人员一个启示:如果要想真正管好一个团队,做成事情,要及时跟上司沟通,赢得上司的支持。上司的支持是一股非常重要的力量。

3. 唐僧的目标感非常强

唐僧在任何一个时刻,都明白自己的目标是去西天取经。他目标明确,并且愿意为达成目标付出一切努力。

拥有明确的目标是非常重要的。没有目标,就没有组建团队的必要;没有目标,就不会得到上司的鼎力支持;没有目标,就不会得到员工们的理解。

4. 唐僧是如何收服孙悟空的

孙悟空是一个"刺头",他武艺高强,却又不服管。这样的角色,在团队中或多或少都存在。特别是新上任的管理人员,更容易遇见"刺头",因为此时人心未服。

唐僧有一招"紧箍咒",足以制服悟空,当然,到了后期,唐僧已不再使用这一招,因为那时团队凝聚力已经形成。

现实中的管理有"紧箍咒"吗?有,那就是企业的各项规章制度。

企业选拔你担任管理人员,就是任命你为"各项规章制度"的监督者,任何一个"刺头"都会对"制度"有所忌惮,这就是你的"武器"。

当然,你还要学习唐僧的做法,善于发挥"刺头"的长处,形成团队凝聚力,目的不在于"治服谁",而是发挥每个人的作用,以达成目标。

5. 唐僧是一个好的平衡者

优秀的管理人员必定是一个好的平衡者,可以看到团队成员身上诸多的亮点。

猪八戒懒,但他给团队带来了欢乐,事实上,跟妖魔鬼怪打斗时,八戒要么亲自上阵,要么在一旁协助,要么通风报信,他的作用不可小觑。

沙僧虽然武艺不算高强，但他挑着一副担子，任劳任怨。

就连白龙马，整天驮着唐僧，偶尔还能帮团队一把，你说，这样的人少得了吗？

6. 唐僧最大的优点是自律

唐僧是如何感化徒弟的？

一是对目标的坚持，徒弟们要散去时，唐僧明确表态，就算自己一个人也要去西天取经。

另一个就是自律。不懒惰，不欺凌弱小，唐僧以身作则，最终感化了徒弟们，孙悟空不再暴戾，猪八戒不再好吃懒做。

自律对管理人员而言，就是以身作则。

马云曾对比过刘关张团队与唐僧团队。他得出结论，刘关张是最好的团队，但唐僧团队是更值得学习的团队，因为团队成员各有特点（缺点），更与现实中的团队相符。更重要的是，唐僧团队最后做成了事情。唐僧团队遇到了任何一个团队都可能遇到的问题，但通过磨合，在实践中不断进步，他们最终达成了目标。

第四章
CHAPTER 4

质量检验的设置

在底线原则中，我们讲到，企业需配置相应的检验资源。检验属于事中控制，虽然我们说，质量是生产出来的，但基于现实的考虑，检验工作是必需的，开展这种验证性工作是为了避免不合格品的产生，或者减少不合格品的产生。

因此检验比例应该怎么设置，来料检验、过程检验等工作如何开展，是我们在质量管理中必须弄清楚的事情。

一、检验的形式及选用

1. 检验的 3 种形式

从检验数量上看，检验分为 3 种形式，分别是免检、抽检及全检，其中抽检是最常采用的形式。

① 免检。

免检通常针对经过验证的质量可靠的产品，通常有 3 种应用情景：a. 经过验证的稳定可靠的供应商提供的物料；b. 价值高的产品，检验具有破坏性；c. 无能力检验的产品或产品特性，比如芯片，生产企业一般不具备检验芯片的能力。

免检的成本最低，但如果验证过程不可靠，可能出现大批量的不合格品。

② 抽检。

抽检是最常用的检验形式，因为它在一定程度上确保了品质，同时兼顾了成本。基于统计学概率的抽检可预先掌握检验的风险，并可将风险控制在一定范围内。

③ 全检。

全检是成本最高的检验形式，通常有 3 种应用场景：a. 品质出现异常之后的全检；b. 样品阶段为确保品质常采用全检形式；c. 日常消费品出货之前，对相关性能做全检，以确保消费者购买到合乎要求的产品。

3 种检验形式在检验工作中相互转换，比如一开始全检，根据检验结果，调整为抽检，确定品质稳定、可靠后，又可以调整为免检；一旦品质发生波动，则从免检转为抽检或全检。

关于一个产品，一般的做法是，对某些特性免检，对某些特性抽检，而对某些特性采用全检的形式，以达到质量与成本的平衡。

2. 检验形式的选用

检验形式的选用通常依据以下 5 个要素。

① 不良造成的后果。

关乎安全、产品失效或一旦产生不良会导致后续加工报废的状况，需要重点检验并增加检验比例，或直接采用全检形式，比如电子产品耐高压测试，关乎产品安全，需进行全检。此外，诸如关键尺寸、配合尺寸、密封性等都需要重点检验或全检。

再如，航天部件的检验成本与其可能导致的后果相比不值一提，因此通常以全检的形式来确保产品的质量。

② 以往的质量数据。

某产品以往的质量数据表明其品质非常稳定可靠，可考虑小比例抽检或免检。以往的质量数据是动态的，因此积累质量数据以及确保数据的精度并实时监控非常重要。

③ AQL（可接受质量水准）。

AQL 为 Acceptable Quality Level/Limit 首字母的缩写，意为可接受质量水准。在现有的统计学数据表中，依据 AQL 值可以查到相应的抽检比例。

抽检需要确定抽检比例，抽检比例决定了风险大小，比如小比例抽检的质量风险相对较大。用 AQL 值决定抽检比例意味着选择对应的可接受质量水准。

④ 检验能力。

从现实的角度考量，如来料检验人手不足，即使设定较高的抽检比例也无法有效实施，在这种情况下，应考虑适度地降低抽检比例。

⑤ 客户指定。

客户根据其对产品的了解或依照以往的质量数据，会指定 AQL 值，或指定采用全检形式进行质量检验。某些时候，客户会指定企业购买某种检验设备，以确保某项检验工作的正常开展。通常，客户指定的检验方式企业需无条件遵守，除非申请变更取得了客户的认可。

选用检验形式的 5 个要素

① 不良造成的后果。

② 以往的质量数据。

③ AQL（可接受质量水准）。

④ 检验能力。

⑤ 客户指定。

检验形式的选用通常是对上述 5 个要素综合权衡的结果，当然，客户指定的检验形式具有优先权，若客户没有指定具体的检验形式，通常依据另外 4 个要素进行综合评估。

3. 抽样标准 AQL 值

前面讲过，抽检是最常用的检验方式。但抽检中也有一些问题需要思考：抽检比例设为多少才合适？抽验中如果发现不合格品，该如何处理？是直接判定这批产品不合格呢？还是加大抽检比例来确定是否有更多不合格品？

这就需要依赖抽样标准。抽样标准最早源于美国的 MIL-STD-105。此标准经转化，成为我国的 GB/T 2828 计数抽样检验系列标准，标准中有一个重要参数，即 AQL 值。

AQL 值大体可以看作不良率，比如 AQL 值为 0.65，我们可以认为，经过检验，不良率可以控制在 0.65% 以下。

这样，当我们选定一个 AQL 值作为抽样标准，并按照该抽样标准进行抽检时，风险是事先预知并可控的。

抽检中，还有一种抽样形式——固定抽样，即不参照抽样标准，而是对某批次产品进行指定数量的抽检，比如在每批次产品中检验 3 个产品。采用固定抽样的好处在于能减轻检验负担，同时在一定程度上减少了质量风险。

二、来料检验的管控

来料不良会导致检验负担加重、产品返工、车间与客户的抱怨增多等问题。来料质量是质量管理的重要关卡。

戴明博士曾做过一项调研，问员工"什么影响了产品的质量"，被调研员工罗列了 7 个因素：①来料不良；②工作指导文件不当；③过时的技术要求；④不良工作环境（冬冷夏热……）；⑤与管理者之间没有沟通渠道；⑥获得工程师的协助很费事；⑦领班不会工作教导。

其中，来料不良排在首位，所谓"巧妇难为无米之炊"，如果来料都已经不良了，那让员工生产出合乎要求的产品就是件不可能的事情。

做好来料检验的重点常常不在来料检验本身，而是要管控好供应商。

1. 管控好供应商

最好的售后服务就是无须售后服务，因为你的产品品质足够好。同样的道理，最好的来料检验，就是无须来料检验，供应商能保证来料的品质。

管控好供应商，意味着"不战而屈人之兵"，这里的"战"指的是来料检验。汽车主机厂对大多数来料都采用免检的形式，但会对供应商进行严格的筛选，供应商以"及时化生产"的方式送货，来料直接上线使用。

管控供应商有以下 4 个要点。

① 样品阶段至关重要。

样品阶段是充分暴露问题和改善工艺的时机，如果样品阶段问题得以暴露并及时开展了改善与标准化工作，那么在量产阶段，产品质量就是稳定可控的。

② 实施量产前的评估。

在样品阶段后，供应商必须经过客户企业的必要评估方可进入量产，以确保量产阶段的产品质量的可靠性。

③ 及时回馈供应商信息。

产品不良信息以及交期信息应及时反馈给供应商，以便促进供应商及时进行改善。

④ 稳定的自我管理团队。

客户企业内部的供应商管理团队人员变动太快，或者纷纷跳槽，会导致供应商的配合度降低，而且项目历史难以有效追溯。

这里有一份供参考的供应商量产前的评估表，在确保相关事项均得到妥善处理后，才可进入量产阶段。

序号	评估内容	纠正项
1	图纸是否包含在样品阶段所做的更改，且是最新版本？	
2	是否编制了流程图（含产品特性与过程特性）？	
3	是否编制了 QC 工程表 / 质量控制计划（系列产品可只做一份）？	
4	是否编制了作业指导书或工艺规范？文件中是否规定了具体的操作方法和自检方法？	
5	是否编制了出货检验计划？	
6	是否规定了良品样品或极限样品，并妥善放置？	
7	是否确认了不合格品的处理流程？	
8	是否确认了产品包装？	
9	是否明确了物料来源？	
10	生产物料是否准备妥当？	
11	设备是否准备就绪，并已经过验证？	
12	检具 / 夹具 / 测试设备是否处于校验有效期内？	
13	产能是否得到确认？	
14	作业人员是否经过培训？关键岗位员工是否已取得资质？	
15	样品阶段出现的问题是否已全部解决？技术文件是否已存档？	
16	现场作业环境是否已确认？	
17	是否明确了双方的质量以及生产和发货的主要联系人？	
18	是否签署了质量承诺书？	

通用汽车有一套管理供应商来料品质的体系，该体系被称为 Build-In Quality Supply-based（简称 BIQS），意为构建可靠的供应品质。该体系包含 29 个模块，详细解释了构建可靠的供应品质该如何做。这些模块包括质量关注点检查、生产过程失效模式及后果分析、变更管理、培训、设备维护保养、防错防呆方法运用、标准化操作、团队合作解决问题、分供方管理等内容。供应商只有通过该体系的审核，才具备为通用汽车提供物料（或产品）的资格。

2. 实施来料检验

实施来料检验包含以下几方面的内容。

① 来料检验人手。

尽可能明确来料检验员的岗位职责，必要时可对岗位职责进行可视化展示。

来料检验员岗位职责示例

① 熟悉物料检验标准。　　　　　⑥ 对不良进行相应标识。

② 熟练使用检验仪器及工具。　　⑦ 汇总每天/周/月的检验数据。

③ 熟悉抽样计划。　　　　　　　⑧ 对检验仪器或工具进行维护和保养。

④ 依据来料检验程序执行检验。　⑨ 完成主管交代的工作事项。

⑤ 及时完成检验报告。　　　　　⑩ 做好岗位及区域的 5S 管理工作。

如果来料的品种较多，可考虑将检验人员分岗，比如五金件检验员、电子件检验员、塑胶件检验员等，以提升检验人员的专业性。同时实行轮岗制度，培养检验人员的多项技能。

为防止突然陡增的检验需求，这种需求常因为多批次的来料不良、需要增加检验品种或抽检比例。来料检验应适当储备一定人才，比如培养生产人员掌握一定的检验技能，必要时可从生产部门抽调人手。

一次，我给西安一家企业做培训，参观现场时，碰到一群人在现场作业。他们不是企业内的职工，而是隶属于一家专业公司，是被这家公司专门派来"顶岗"的，特别负责检验方面的顶岗工作，以解决企业对检验人员的临时需求。我从中联想到一度红火的共享经济，这种由专业公司提供"共享"的专业人士能有效解决企业对人员的临时需求。

② 源头检验。

源头检验（Sourcing Inspection，SI）是指客户企业派人在供应商现场实施检验，以确定供应商的产品品质是否符合要求，确保自己的企业接收到合格产品。

源头检验的好处在于一旦发现问题，无须来回退货，在供应商现场就可以解决。很多外企聘请第三方机构对供应商实施源头检验，防止产品到达后才发现不良而造成的麻烦。

有段时间，我被单位安排对一家供应商开展源头检验，事实上，该供应商的产品质量已很稳定，供应商也开展了相应的检验工作，因此我检验到不良的概率非常小。后来，我又被调回供应商管理工程师岗位，单位不再对这些产品实施源头检验，但产品品质并未出现波动。由此可见，由供应商管控好品质才是管控来料质量的根本之道。

③来料检验比例。

某些企业为更好地确保来料质量，将抽检比例设置得较高，但员工发现来料质量很稳定后，会自行降低抽检比例来简化自身工作。因此，企业应认识到来料检验比例必须是动态的，即要依据历史数据来调整检验比例，否则，原先设定的抽检比例很可能不符合当下的现状。

④来料检验流程。

所谓流程，是指如何开展来料检验的规定及步骤，以及免检、抽检、全检的适用场景等。来料检验流程的具体内容如下。

流程节点	关联/部门	记录	关键点
供应商供料	供应商	送货单	供应商的出货检验是如何开展的？
收货（品类/数量）	仓库	入库单	供应商的随货文件应该有哪些？
来料检验	IQC	检验标准	严重/主要/次要缺陷如何划分？ 检验频次和比例如何选择？ 检验标准是否一目了然？ 检验仪器是否完备？
接收与否	IQC	检验报告	报告内容是否精准？是否可追溯？
若拒收 返回/全检/特采	IQC/ 相关部门	异常记录	若遇待定状态，谁来判定？ 紧急物料如何处理？ 供应商是否及时收到反馈？
标识	IQC	已检状态标识	仓库的5S状况？ 信息输入系统是否完备？
正式入库	仓库	录入系统	如何处理生产线的"来料不良"反馈？ 是否制作供应商品质趋势图或月报？

⑤ 防止来料检验中的不当行为。

供应商拉拢腐蚀检验人员，让检验人员放松检验标准的现象虽然少，但这种现象是真实存在的。通常企业可通过人员教育、展示警示案例、设立投诉热线、与供应商进行访谈以及保持追溯性来避免这种现象的发生。另一方面，企业也要保护按标准进行严格检验的检验人员的权益。

董明珠刚上任时，明令"摒弃所谓的搞关系，一切按标准执行"。一次，检验员按标准拒收了某供应商的产品，这引起了被拒供应商的恼怒，该供应商安排人将这位检验员打了一顿。检验员将此事汇报给主管，主管只"轻飘飘"地说了一句："以后下班路上小心一点。"这件事被董明珠知道后，她极为震怒，她一方面让该检验员报警，并安排保安将这位员工保护起来，另一方面，她取消了这家供应商的供货资格。供应商发现原先的一套方法行不通了，又不想失去格力这个大客户，请了很多人去向董明珠说情，解释说这是手下人不懂事干的。董明珠回了一句："你不出头指派，手下人怎么会打人。就凭这一条，非把你'废掉'不可。"自此，没有供应商再敢在董明珠面前动歪主意。

⑥ 供参考的来料检验表格。

针对某一来料应根据其来料检验计划实施来料检验，来料检验计划包括检验项目、检验方式、检验数量、抽样标准等，并将检验结果填写在来料检验记录表中。

来料检验记录表							
物料名称：		规格：			料号：		
进料数量：		收料日期：			供应商：		
送货单号：		检验方式：□抽检 □全检			检验日期：		
抽样标准（依据 MIL-STD-105E level Ⅱ）							
类别		CR		MA		MI	
AQL							
Ac/Re							
No	检验项目	标准（值/公差）	检验数量	检验结果	不良数量	C R	M A / M I

续表

供应商随货资料：□材质证明 □性能测试 □其他（请注明：　　　　　　　）

判定结果：　　□合格　　　　□不合格

不合格之处理意见：

检验：　　　　　　　　　　　　　　　审核：

三、过程检验管控

企业应尽可能明确过程检验中专职检验人员的岗位职责，必要时可对岗位职责进行可视化展示。

过程检验员岗位职责示例

① 熟悉产品的质量检验标准。

② 熟练运用检验仪器。

③ 熟悉 GB/T2828 计数抽样
   检验系列标准。

④ 首样检验的验证。

⑤ 按照既定频率执行产品巡检验证。

⑥ 依据工艺规范、图纸、作业指导书
   进行督查。

⑦ 不良判定的协助确认。

⑧ 准确、及时填写检验报告。

⑨ 及时做好记录保存、检验状态的标识
   以及不合格品的标识等工作。

⑩ 生产线质量问题的汇报及协调解决。

⑪ 检验仪器的日常维护。

⑫ 员工质量意识的培养及提升。

过程检验除了专职检验人员负责的首检、巡检、现场稽核等内容外，还包括生产人员的互检 / 自检。

1. 首检

首检也称为首样检验。首检起到验证的功能，确保产品一开始生产就是符合要求的，防止出现批量不良。首检会对设备状态的设置、工艺参数以及原料配方等进行综合验证。某些时候，设备调校过程就是首检过程，直至首检合格，质量稳定之后，方可正式进入生产状态。

首检的两个时机：①某产品开始生产时，比如由生产 A 产品转为生产 B 产品时，需对 B 产品进行首检；②某个班次开始时，即每个班次开始时进行一次首检，确保本班次的产品质量合格。

对于机械电子行业，首检通常选取一个班次最早生产的 1 ～ 3 件产品。

首检通常由专职检验人员执行，以确保"中立及客观性"。

2. 互检 / 自检

互检是指对本工位接收的半成品进行检验，以及时发现前面工序存在的问题。良好的工作关系、善意的提醒，通常可以提升互检效率。

自检的要求通常包含在作业指导书或工艺规范中，是指在本工序加工过程中及加工结束时对产品的检验。

互检和自检由生产人员自行完成。互检与自检有一个"三不政策"的通俗说法，即"不接收不合格品，不制造不合格品，不传递不合格品。"

3. 巡检

巡检是由专职检验人员每隔一个时间周期，如 1 小时或 2 小时，对正在生产的产品进行抽检，抽检数量通常为 1 ～ 3 个。

4. 现场稽核

现场稽核是从制程符合性角度开展的稽核活动，稽核内容包括现场 5S 管理状况、员工是否按作业指导书作业、工艺规范是否正确等内容。

现场稽核的 25 项内容如下表所示。

序号	内容	稽核结果
1	作业现场的温度和湿度是否符合要求？	
2	物料是否使用正确？是否符合 BOM、图纸及订单要求？	
3	图纸、工艺规范、作业指导书等的版本是否正确？	
4	员工是否按作业指导书等规范文件作业？	
5	员工是否根据规定佩戴工作证，穿工作服、工作鞋？	
6	所有物料、产品的状态标识是否清楚、正确？	
7	工作台面是否未放置与本工位无关的物料、产品及工具？	
8	首样检验是否及时并按规定数量进行验证？	
9	首样检验若有超差，对应机台是否进行调整，直至首样检验验证合格？	
10	设备参数是否设置得正确无误？	
11	设备是否及时点检与保养？	
12	设备及其他仪器、设施是否无破损或脏污？	
13	所有测量仪器是否都在校验有效期内？	
14	所有测量仪器或操作工具在使用后是否及时归位？	
15	是否及时填写各项报表和记录（如首检表、点检表等）？	

序号	内容	稽核结果
16	报表和记录中的数据是否如实填写？	
17	品质异常超出界限是否填写《异常单》并进行跟踪？	
18	所有不合格品是否进行隔离、标识，并按流程处理？	
19	物品是否按指定区域摆放？	
20	交接班是否按规范进行？	
21	管理看板信息是否及时更新？	
22	员工作业是否有不熟练之处？	
23	是否记录下员工对作业标准、检验标准的反馈？	
24	是否记录下员工对生产作业的抱怨？	
25	是否记录下生产线的改善亮点或员工的行为亮点？	
22~25 之记录：		
补充说明 / 建议：		
巡检员	日期	

过程检验常能发现来料的问题，这些问题应被更新到来料检验计划中，以便于实施"靶向性"检验。

四、质量控制计划

过程检验的设置来源于质量控制计划（Quality Control Plan，QCP），质量控制计划来自汽车业质量 5 大工具中的产品质量先期策划（Advanced Product Quality Planning，APQP）中的要求，质量控制计划规定了各个工序应实施的检验及检验比例，包括首检、互检 / 自检、巡检等各项要求。往前进一步追溯的话，这些设置均来自 FMEA，根据分析及改善，明确应施加怎样的检验及检验比例，从而将风险管控在一定的范围内。

质量控制计划表包含的主要内容如下。

①核心团队及适用产品、版本号的说明。

②质量控制计划对应的阶段的说明，主要有样品阶段、试生产阶段、量产阶段3个阶段。质量控制计划从样品阶段到试生产阶段再到量产阶段是不断完善的过程，其检验设置与检验比例也在不断调整。

③过程说明，即对工序过程的说明，以及一个工序中的子过程的说明。表格中的其他内容，如特性说明、检验方式等都是依据过程展开的。

④设备、仪器或工装的说明，这些说明旨在明确该过程所使用的设备、仪器或工装，以确保生产及检验的正常实施。

⑤过程/产品特性。过程特性指温度、压力、进刀距离等加工工艺，产品特性指由于过程特性的作用而获得的产品性能、形状等转变结果。质量控制计划一方面旨在明确这些特性，另一方面旨在能确保有效获得这些特性。

⑥特性分类，即对特性进行分类，依据特性的重要性一般可分为关键、重要、一般。通常越重要的特性，其检验比例越高。

⑦过程/产品规格，指设定过程/产品特性的规格（上下公差等范围）。

⑧评价测量技术，指用什么工具或方法检测来确认产品/过程特性是否达成，比如温度计、压力表、游标卡尺、高度仪等各种检验工具。

⑨抽样方案，通常采用美国MIL标准或者经转化的GB/T2828计数抽样检验系列标准。

⑩控制方案，通常指检验计划、作业指导书等作业检验文件，要求对作业过程或检验过程有更细致的规定。

⑪反应计划，指超过控制界限后，企业应采取怎样的反应，通常包括返工、拒收、停线、采取紧急反应措施等。

质量控制计划表（简易）									
核心团队									
适用产品								版本号	
适用阶段	□ 样品阶段			□ 试生产阶段			□ 量产阶段		
过程说明	设备、仪器或工装的说明	过程特性	产品特性	特性分类	过程／产品规格	评价测量技术	抽样方案	控制方案	反应计划
工序 1									
工序 2									
......									
工序 N									

　　质量控制计划是与作业指导书或检验计划紧密相关的文件，因此无论是质量控制计划中的控制参数变更，还是作业指导书或检验计划中的控制参数变更，都必须同步更新。

　　客户常常期望通过质量控制计划来了解企业的控制手段是否明确严谨，而且客户也喜欢使用质量控制计划来进行生产线的审核，以核对各项要求是否均被满足。

　　日企所用的 QC 工程表的功能及目的与质量控制计划基本相同。

　　我们前面讲过，作业指导书或检验计划源自质量控制计划。有些人可能会对此感到疑惑，企业内从未做过质量控制计划，作业指导书或检验计划不也一直运用得很好吗？事实上，某些产品有相似的成熟产品作为参考，因此其作业方法及检验方案的妥善运行是因为借鉴了成熟产品的做法。另外，企业虽然没有做出严格意义上的质量控制计划，但实际上在样品阶段、试生产阶段就积累了一定的管控经验及参数，这些经验及参数被运用到作业指导书或检验计划中，一定程度相当于运用了质量控制计划的成果。

五、不合格品的来源及管控

优化作业方法或检验设置都是为了减少不合格品，或及时发现不合格品，从而减少因不合格品造成的损失。因此，我们有必要探讨不合格品是怎么产生的，以及应从哪些方面对不合格品进行管控。

总体而言，不合格品的来源有以下 7 种。

① 工艺的限制，即加工过程中产生的工艺偏差。比如在铸造过程中产生的产品疏松、有气孔等缺陷。

② 标准不明，即客户或行业的标准不够明晰、细化。如客户未明确机械产品的倒角要求，导致实际无法装配的现象。

③ 虽标准明确，但测量不易，或测量成本太高。如某个产品结构复杂，无法测量内部某个零件的尺寸。

④ 主观性标准，比如规定表面无划痕，张三看觉得无划痕，而李四看却觉得有明显的划痕。

⑤ 抽检造成的遗漏，因不是全检，导致某些缺陷未被检验出来。

⑥ 人为误判，虽有明确标准，但工作人员因为疏忽未检出不良。

⑦ 对标准变更的忽视，如客户由于疏忽发来旧的产品标准，或企业误用旧版本的要求，导致生产出的产品全部报废。

要系统地减少不合格品，应从更多的角度进行管控。

1. 明确客户要求

企业既要了解，也要明确客户的要求。

生产了一批产品，客户说："这不是我想要的。"那么企业要找出当初的文件，如果发现客户是有道理的，这批产品就只能由企业自己消化了。

2. 明确法律法规

若生产出的产品违反法律法规，自然是不合格品，企业还有可能惹上官司。

如企业出口一批产品，客户虽然认可该产品，但该产品不符合当地的相关认证的要求（如 UL 认证、RoHS 认证），由此导致的批量退货只能由企业自己承担。

3. 明确安全要求

某些新产品，虽然是因为客户或法律法规对安全性规定得不充分，但若造成安全问题，自然也属于不合格品，且会造成极大的不良影响。

如麦当劳提供热饮，因未明确提醒消费者，导致消费者被烫伤而遭到索赔。三星手机当初也通过了各项认证，但也发生了爆炸事件，对三星手机在中国的发展也造成了巨大的影响。

4. 从产品设计角度进行考量

从产品设计角度进行考量包括对材料性能、产品结构、功能输出、产品寿命、加工过程的安全性、可实现性等因素的考量。

目前较为可靠的手段包括汽车业常用的产品质量先期策划、设计失效模式及后果分析（Design Failure Mode & Effect Analysis，DFMEA）。即使不运用这两种工具，也应该借助同类产品的相关经验。此外，越是创新的产品越需要谨慎。

5. 从工艺设计角度进行考量

从工艺设计角度进行考量包括对工装夹具、参数设置（时间、温度、压力等）、加工方法或步骤等因素的考量。

工艺设定的准确性及精度常决定了不良率的高低。企业一方面需要不断提升工艺水准，另一方面需要避免工艺设定出现人为错误（运用防呆方法及检查表可有效防止人为错误）。

6. 明确检验标准

标准是检验出不良的依据。没有标准就没有质量。检验标准应避免笼统化，至少应明确检验项目、检验仪器、检验频率、拒收标准等内容。

7. 检验的设置

依据经济性、AQL、产品工艺特性等设置检验点及检验频率。检验的设置需有一定的动态性，随着产品质量的稳定，可降低检验频率。

检验的设置应注重执行性。一家企业规定用膜厚仪测量油漆厚度，现场调研时发现，相关人员从未执行过该标准，甚至连膜厚仪都找了半天。

8. 对原材料的管控

对原材料的管控是为了确保原材料的质量及稳定性。

企业应明确供应商的出货检验标准，尽量限定供应商改变工艺等事项需事先通知的流程。某些时候，客户企业对供应商的掌握力度有限，或者供应商内部工艺有其机密性，这两种情景下，供应商要么不配合，要么要求本身存在不合理性。

9. 对员工的培训及考核

对员工的培训及考核是为了确保员工具有一定的技能。

员工若缺少必要的意识、技能或知识，在生产过程中就会出现较多误判或人为错误。

10. 对作业方法的明确规定

对作业方法的明确规定即明确作业要点、步骤及检验方式。

作业方法的规定始于"科学管理之父"泰勒，丰田公司梳理出了作业关键点的3个特征：①关于安全；②关于作业成败；③使作业变得更容易的方法或步骤。

11. 确保检具的有效性

检具若失效，则不能有效地检出不良。这一点是外审的重点关注项。特别是对于高精度的要求，检具的有效性不足会导致各方对检验结果产生争议。

12. 变化点的管控

变化点的管控即当人员、机器、物料、方法发生变更时的有效管控。

日企一向将"变化点管理"作为重点，这是因为当现场的"人机料法"发生变化时，极易出现质量问题。

13. 减少物料、辅料或工装夹具的误拿误用

误拿误用物料、辅料或工装夹具的问题主要通过物品标识、员工培训、生产巡线等手段进行解决。

如果物料、辅料等被误拿误用，毫无疑问会造成不良。管控这一点的关键在于做好现场的 5S 管理工作。其实，做好现场的 5S 管理这样的基础性工作，可以消除一大部分的现场（包括质量）问题。

14. 异常情况的报告处理制度

异常情况如不及时报告与处理，有可能造成批量不良。

15. 确保检验数据的真实性

检验数据不真实，会造成不良外流、批量不良以及无法依据不良数据进行分析等情况。

16. 构建稳态，明确不良的类型及不良率的范围

稳态的构建有助于识别异常状况。

通过对人员、机器、物料、方法的有效管控，使生产处于一定的稳定状态中，这样不良类型会相对确定，质量不良率也会处于一定范围内。这样出现新的不良或不良率超出了原有范围时，便于工作人员及时主动干预或开展改善工作。如果没有这种稳定状态，通常很难捕捉到异常状况并实施主动、有针对性的改善。

17. 根据检验数据的分布及时做出调整

一般情况下，不良虽然尚未产生，但检验数据已显示出了一定的趋势时，比如接近下限，及时做出调整，有助于预防不良的产生。

此理论源于休哈特的控制图理论，其好处在于即便不良尚未出现，通过稳态控制图的分析，也能提前预防与调整。

18. 分析不良数据，确定重点，进行改善

企业应对重点问题进行针对性改善，以降低不良率。针对已发生的不良，对不良数据进行分析，确定不良的重点，运用 QC 工具等进行改善，降低不良率。

六、质量成本解析

质量成本是企业成本中的一项，大致分为预防成本、鉴定（评价）成本、内部不合格成本及外部不合格成本 4 个类别。

① 预防成本主要包括人员教育成本、质量体系规划成本、实施认证成本等。

② 鉴定（评价）成本主要包括检验人员的工资、测试试验费、检验设备购买费、维护校验费等。

③ 内部不合格成本主要指因内部不合格造成的返修、报废以及工时浪费等的费用。

④ 外部不合格成本主要指因不合格造成的客户现场维修（服务）、客户索赔等费用（还包括对品牌的负面影响以及客户体验感的下降）。

质量成本统计的目的在于监控成本的使用状况,使之合理化并发挥成本效应。

质量成本管控有以下两个值得参考的观点。

①前期质量成本投入越多，后期质量成本下降幅度越大。前期质量成本通常指产品设计及样品阶段的质量管控成本，以及人员教育培训成本等，后期质量成本主要指量产中的不合格品成本及订单减少或品牌受损的隐形成本等。

② 质量管控需要考虑到成本因素，同样的产品，同样的合格率，竞争对手的成本越低，则自己的竞争力越弱。另一方面，一个典型的例子，某产品合格率达 99%，1% 的不合格品可以通过检验拦截下来，其成本假定为 2 万元，这个成本包括了不合格品成本与检验成本，但是，如果要将合格率提升至 99.9%，需要在工艺上投入 100 万元甚至更多，这时就需要综合考虑该产品的寿命、最终产量，以及新工艺的应用广泛性，也就是说，要提高合格率需要考虑成本因素。

七、质量检验类基本术语

QC，全称为 Quality Control，即品质控制、品管，侧重于生产现场的品质管控，包括各项检验、不合格品的处理等质量工作。（注：QC 有时会被概称为"质量管理"。）

QA，全称为 Quality Assurance，即品质保证，侧重于预防性与体系性的质量工作，包括 ISO 质量体系、人员培训、仪器校验等。在某些场景下，QA 的范畴涵盖了 QC。

FQC，全称为 Final Quality Control，即成品终检，指产品生产完成后的检验，常包括对产品的性能及外观的检验。

OQC，全称为 Outgoing Quality Control，即出货检验指产品在包装后、出货前的检验，检验项目一般包括包装、唛头信息以及拆箱抽检产品的外观或性能等。其中，不少企业将 FQC 与 OQC 合称为 OQC，即产品生产完成，经检验后入库并出货，不再进行一次出货检验。

WI（Working Instriction，工作说明）与 SOP（Standard Cperation Procedure，标准作业程序）通常都是对作业指导书的称呼，有的企业将作业指导书称为 WI，有的企业将作业指导书称为 SOP。

下表为质量检验常用术语，其中收纳了前文中并未出现，但很常用的一部分术语。

序	缩写	英文	中文
1	QC	Quality Control	品质控制、品管
2	QA	Quality Assurance	品质保证
3	IQC	Incoming Quality Control	来料检验
4	IPQC	In - process Quality Control	过程检验
5	FQC	Final Quality Control	成品终检
6	OQC	Outgoing Quality Control	出货检验
7	AQL	Acceptable Quality Limit/Level	可接受质量水准
8	LRR	Lot Reject Rate	批次拒收率
9	CR	Critical	关键（缺陷）

序	缩写	英文	中文
10	MA	Major	重要（缺陷）
11	MI	Minor	次要（缺陷）
12	DPPM	Defect Part Per Million	每百万机会中的不良缺陷点数
13	BOM	Bill Of Materials	物料清单
14	WI	Working Instruction	作业指导书（工作说明）
15	SOP	Standard Operation Procedure	作业指导书（标准作业程序）
16	SIP	Standard Inspection Procedure	检验指导书

延伸阅读：供应商管理的 8 大怪现象

来料质量的责任主体是供应商，为发挥供应商的正面影响力，处理好与供应商的关系，企业在管理供应商的过程中应避免发生 8 大怪现象。

一些采购部门领导采用"3 压政策"，即压供应商、压下属、压自我，他们认为，采购业绩是"压"出来的。然而，光靠"压"，是压不出未来的，如果缺乏专业精神和适度的管理技巧，反而会造成很多稀奇古怪的情况，如下所示。

1. 高分低配的供应商

企业选择供应商时，一般都会拜访并审核供应商。很多企业会选用一张"白富美"的供应商审核表，这张审核表涵盖质量体系、组织架构、技术能力、硬件设施、人员状况、精益改善、6 个 Sigma 等内容，可谓门类齐全、无所不包。这样做，看似无可厚非，甚至让人敬佩！

用这样的表进行审核，得高分的自然是那些"高大上"的供应商。在实际合作中，这些供应商面对你并不具足够吸引力的采购量，配合度往往都很差，当你提出一些要求时，他们往往会说："我们公司有自己的流程，不可能按照你的要求来。"这就是"高分低配"的怪现象。

提示：选择供应商不是要选择最好的，而是要选择最合适的，选择愿意配合你的、愿意和你建立长远合作关系的供应商。

2. 价高的供应商才专业

企业选择供应商时会选择报价相对较低的那一个，这也是"人之常情"。但有时，问题也就出在这里，当你将技术参数、图纸发给供应商时，低水平的供应商可能不仔细分析就认为很简单，于是报出了一个很低的价格。而专业的供应商考虑到产品的严格要求、需配置的工艺及测试，可能报出了一个仅有微利的价格。

然而，专业的供应商的报价还是比低水平的供应商的报价要高出一大截。当你想当然地选择了低水平的供应商时，后面的苦头就会接踵而来。在该低价格的限制下，低水平的供应商根本做不出合格的产品来，而且，低水平的供应商的技术和能力常常无法满足产品的要求。

提示：评估供应商的报价时，一定要调查清楚其是否进行过严格的工艺及材料分析。

3. 我做精益，你备库存

不少企业推行精益生产，追求零库存，可是企业又担心原材料突然短缺，影响生产。于是，只能让供应商准备充足的库存，以便企业一有指令，供应商即可送货。

这无疑是一种库存转移行为，而不是真正地消除库存。从供应链的角度看，这并不增值，在某种意义上来说还是一种浪费，因为供应商的库存产品不能及时上线，增大了产品报废的可能。

提示：精益是消除浪费的一种工作模式，但将自己的库存转移给供应商只能算是一种形式主义，而不是务实的做法。

4. 让"大饼"飞得更慢一些

某些供应商管理（采购）人员在初次拜访供应商时，"满嘴跑火车，到处画大饼"。供应商听下来，认定只要和该企业合作就是"抱到财神爷"了。

合作一段时间后，供应商就感觉不对劲，采购量根本不像供应商管理人员吹嘘的那样大。于是，供应商慢慢"变脸"了，不再那么热情了，但这能怨供应商吗？

提示：企业和供应商初次洽谈时，不应过于夸大未来的合作前景。

5. "霸王硬上弓"

供应商管理人员自恃是大客户，对供应商工厂内的规定视而不见，比如，供应商工厂规定进入工厂要戴安全帽，他却不戴，规定会议室内不许抽烟，他却非要抽烟。

更甚的是，到了年终，给供应商发一张一年以来的不合格品扣款清单，供应商满心委屈：清单上的这些不良，从未见过或通知过，年底了，却发来这么一张扣款清单。请问，这是不是属于"霸王硬上弓"的行为呢？

提示：平时发现来料不良时，应及时通知供应商，这样也利于供应商进行改善。

6. 不必要的拜访

供应商管理人员不想待在办公室时，就订机票或火车票往供应商那边跑，在供应商的会议室聊几句天，就赶紧往酒店赶，还美其名曰："还有电话会议要开。"

提示：拜访供应商，应做好拜访规划，明确拜访目的及事务，以提升拜访效率。

7. 降龙三招"压、逼、换"

供应商管理人员一般会先给供应商压力，以使其降价，降价不成，就以"这是领导的指令"来逼迫供应商，让供应商认为不降不行。逼迫没有效果，于是就开始寻找新供应商，准备替换现有的供应商。换了之后可能会发现，唉，新供应商还不如之前的供应商呢！

提示：企业在管理供应商的过程中，与之形成长期合作关系，并共同进行改善，是非常重要的！

8. 人员的"车水马龙"

供应商管理人员在供应商面前，也算是供应商的客户，供应商对供应商管理人员"言听计从"，长此以往，供应商管理人员不免变得有些娇气，稍有不开心，就跳槽了。因而，不少企业的采购部的人员变动犹如"车水马龙"一般。

相比起来，供应商的人员反而稳定许多。于是，一个采购项目进行了半年，结果企业的供应商管理人员都是新人，对项目历史一无所知。反而供应商的人员对项目却了如指掌，在这种情况下，谁指导谁呢？

提示：要想保持供应商管理团队的稳定性，就应该给予供应商管理人员一定的工作空间；同时，团队领导应以身作则，接地气，不娇气，营造良好的团队氛围。

第五章

CHAPTER 5

鱼骨图与 5 个为什么

解决质量问题时，如果能找准导致问题出现的原因，那么问题就解决了一半。如果未找到原因，胡乱采取措施，既消耗了成本与时间，还未必有效果。因此，找准问题出现的原因，一直以来被视为解决问题的一个关键。

鱼骨图与 5 个为什么是被广泛运用的原因分析方法，简单易学，实用性强。

一、鱼骨图

1. 鱼骨图的基本形状

鱼骨图因采用鱼骨的形象而得名，其基本形状如下图所示。

鱼骨图的基本形状

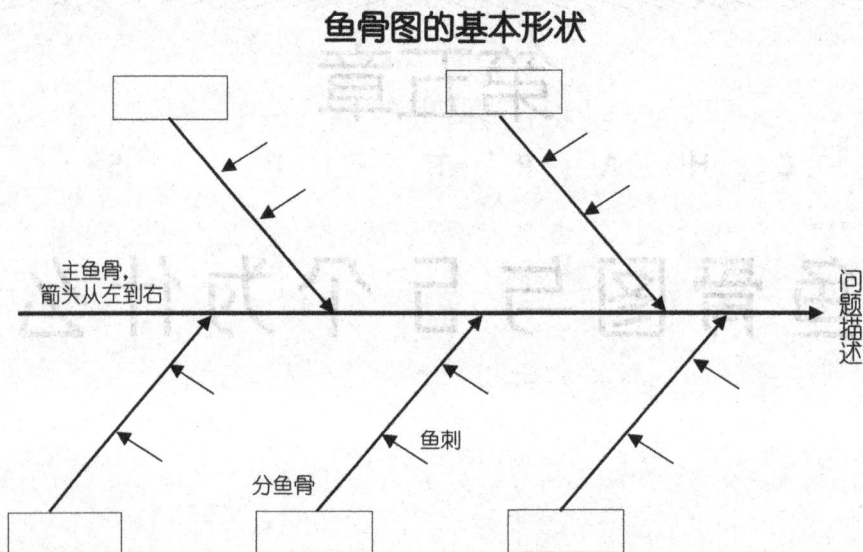

① 主鱼骨。

主鱼骨是鱼骨图的框架，起到支撑与连接的作用，其将其他鱼骨连接在一起，形成完整的结构。主鱼骨（箭头）一般是从左到右的，符合人们通常的阅读习惯。主鱼骨的鱼头位置描述"需要分析的问题"。所有箭头汇集起来都指向这个问题，表明有众多可能的因素会造成这个问题。

② 分鱼骨。

分鱼骨与主鱼骨之间的夹角大约为 60 度，即便没有箭头表示，根据分鱼骨的方向也能判定出鱼头的位置。因此，鱼骨图中各鱼骨或鱼刺不画箭头也是可以的。

分鱼骨通常为 4 ~ 6 根，特定场景下可多于 6 根，但不得少于 4 根，否则视觉上不像是"正常的鱼"。

分鱼骨主要用来分类，在分鱼骨顶端标明所分类别的名称，质量分析中，常用的分类方法为"人机料法环"。

不同问题的分类方法不同，比如对员工离职率高的原因进行分类，如果按"人机料法环"的方法进行分类就不太合理，而从"薪资待遇""工作关系""工作环境""招聘"等方面进行分类更为合理。

有时，我们不知道该如何分类，可以先罗列已知的原因，再根据这些已知的原因进行分类。当剩下一些原因难以明确分类时，可用"其他"作为类别名称。

③鱼刺。

鱼刺即在所分类别下的原因描述。鱼刺之下可能还有小鱼刺，即对原因的再次分解或补充说明。比如鱼刺的描述为"通电不良"，进一步分解可得"电池没电""接触不良"等因素。

2. 利用鱼骨图分析事例的步骤

一次，一位朋友在社交媒体上问："我们工厂的新工人进来没多久就会辞职，该怎么办？"类似于这样没头没脑的问题，别人能给出的建议就是"做一张鱼骨图进行分析"。

鱼骨图具有结构化的优点，在分析问题时具有条理性。此外，鱼骨图具有"抓得广"的特点，特别是在发挥集体智慧一起讨论时，各种可能的原因都容易被梳理出来。

某企业收到客户投诉，指出其产品多次漏装螺丝，要求彻底分析与改善，否则取消其供应资格。企业董事长对新上任的质量经理王刚说，多次发生漏装螺丝的现象应该不是单一原因导致的，必须细致分析，不能漏掉可能的原因。

王刚收集了相关质量数据，先进行初步分析，进而召集人员开会，用鱼骨图探讨可能的原因。众人七嘴八舌，每个人都有各自的视角和切身的体会，这种情况下，可能的原因就不会被遗漏。王刚将众人意见整理后形成了下面的鱼骨图，并圈出了重点原因。

漏装螺丝鱼骨图

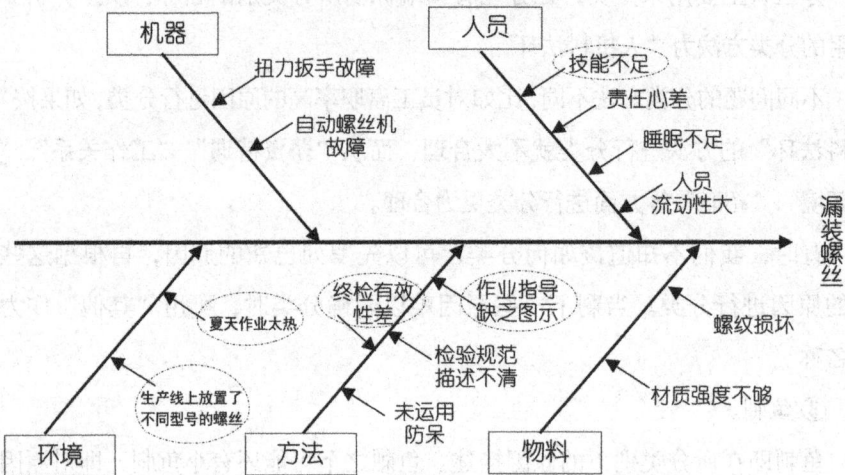

针对这些重点因素，王刚制定了一系列改善措施，主要包括以下内容。

① 对员工开展装好螺丝的要点及自检的培训，并进行考核；还专门录制如何装好螺丝的视频供员工学习。

② 对终检员工实施培训，并将"螺丝检验"明确定义为检验的一个重点。

③ 更新作业指导书，使用图示化的作业指导。

④ 加强产线的 5S 管理，要求产品生产时，产线上不得放置其他不需要的螺丝，并定量领取，不同规格的螺丝有清晰的颜色标识。

⑤ 跟领导提出申请，在车间加装空调。

由于这些措施有较好的针对性，漏装螺丝现象基本得以消除。

利用鱼骨图分析问题原因通常有以下 6 个步骤。

①明确要分析的问题。上述例子中的问题就是"漏装螺丝"。

②确定影响该问题的分类方法（使用较多的分类方法是"人机料法环"）。

③画出鱼骨图形状，并将所分类别标上去。鱼骨图形状包括主鱼骨、分鱼骨以及鱼刺 3 部分，类别应标识于分鱼骨顶端。此外需注意，鱼头位置需标明要分析的问题。

④ 梳理每个类别中的原因以及可能存在的细分原因。

⑤ 确定细分原因中的重点原因。

⑥ 针对确定的重点采取相应的措施。

我们再举一个跟日常生活相关的例子，某餐饮连锁店发现顾客对某些分店的米饭有意见，觉得不好吃。企业董事长要求运营副总做一张鱼骨图进行分析。

米饭不好吃鱼骨图

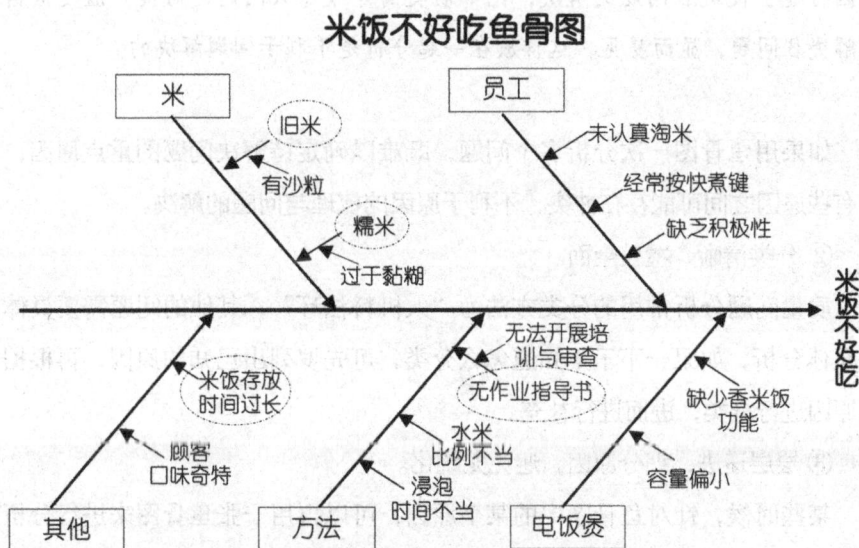

这位运营副总做了调研，召集人员讨论，梳理结果如上图所示。于是副总锁定了重点原因，采取了两项关键措施：①确保米的品质；②制作一份关于如何做好米饭的作业指导书，这份作业指导书包含水米比例、浸泡时间、如何使用电饭煲，以及米饭最多可存放多久等规定。

措施虽然不多，因为"对症下药"，很快便取得了良好效果。

3. 运用鱼骨图的7个要点

为了更好地运用鱼骨图，需要注意以下7个要点，这样才能发挥出鱼骨图的价值。

① 问题聚焦，一次只分析一个问题。

问题聚焦是指需要避免大而笼统的问题，掌握问题现状及数据，有助于问题分析的具象化。

一位朋友在用鱼骨图进行分析时，在一张鱼骨图上分析多个问题，这样做可行还是不可行呢？答案是不可行。不同问题的原因搅和在一起，难以确定出一个问题的重点原因。而且，不同问题的原因之间可能会有冲突，A问题的一个原因可能会促进B问题的解决，比如温度高导致了A问题，而提升温度恰恰可以解决B问题，显而易见，这样放在一起分析是不利于问题解决的。

如果用鱼骨图一次分析多个问题，既难以确定待解决问题的重点原因，同时有些原因之间可能存在冲突，不利于原因的梳理与问题的解决。

②分类清晰，覆盖全面。

质量问题分析常用的分类方法为"人机料法环"，其他的问题需要具体问题具体分析，如果一下子不知道怎么分类，可先罗列出已知的原因，再根据已知原因进行分类，进而进行补充。

③层层递进，细分原因，避免笼统化。

某些时候，针对鱼骨图中的某个原因，可以再用一张鱼骨图来进行分析，比如上面"漏装螺丝"的例子，其中一个重点原因为"终检有效性差"，这个原因可能也是由很多原因造成的，因此可以考虑对这个原因再次进行鱼骨图分析，从而进行针对性改善。

④头脑风暴，借助集体智慧，集思广益。

鱼骨图要将问题的原因抓得广、抓得准，需要做到3点：a.掌握问题现状及数据；b.自己事先进行梳理；c.集体讨论可能的原因或者将做好的鱼骨图拿给别人看，让别人提提意见。头脑风暴也是让相关人员了解问题、重视问题的一个机会。

头脑风暴是发挥集体智慧的一种常用方式，头脑风暴的第一原则为禁止批评，批评使得众人怕被诘难而不敢提出自己的观点。此外，进行头脑风暴时还需要注意：a.参与人数为 3～7 人，人太多，讨论会过于发散且时间过长；b. 围坐在一起，消除层级间的拘谨感；c. 不管对错，先记录别人的意见；d. 确定重点时，也要征询大家的意见；e. 主持人要对讨论的议程进行引导，进行必要的时间控制。

⑤ 圈出重要原因。

一张鱼骨图收集到的原因众多，对所有原因采取应对措施不太现实。根据问题现状与数据，可以排除掉一些原因，或者通过讨论排除影响小的原因，从而确定出重要原因。

⑥ 形象呈现，越形象，感染力越强。

视觉效果对人的影响很大，因此，形象的鱼骨图不仅能体现出一定的专业性，其感染力还强。提交报告时，一张形象的鱼骨图可迅速吸引上司的目光，使上司乐于做出正面的批复；回复客诉时，一张形象的鱼骨图，常能让客户感受到其中的用心；将鱼骨图展示给同事时，不仅能让同事感受到分析的条理性，还能带给同事美感。

如果鱼骨图上展现的内容较多，为清晰展现内容，可不画鱼头鱼尾，以便有更多的空间。

⑦ 落实行动，坐而言不如起而行。

用鱼骨图分析导致问题发生的原因不是我们的目的，我们的目的是解决问题。因此，针对鱼骨图分析出的重要原因，需要制定并实施相应的措施。

运用鱼骨图的 7 个要点小结

① 问题聚焦，一次一问。

② 分类清晰，覆盖全面。

③ 层层递进，避免笼统。

④ 头脑风暴，集思广益。

⑤ 圈出要因，明确重点。

⑥ 形象呈现，感染力强。

⑦ 落实行动，解决问题。

鱼骨图的运用场景之一

有一次我拜访一家企业时，看到车间办公室内的小白板上悬挂着一张空白的鱼骨图。车间人员告诉我，企业要求每个车间每周用鱼骨图分析一个问题，并进行跟进。这样的好处在于车间的每一位管理人员都具备了用鱼骨图解决问题的意识，且每周分析一个问题并解决，积累效应非常明显。

鱼骨图的运用场景之二

针对发生的质量问题，无论是内部问题，还是客户投诉，都必须用鱼骨图进行原因分析，这样可以彻底消除以往分析不细致、无条理的缺点，使得问题分析更为有效，客户对投诉处理报告的认可度也会有所提升。

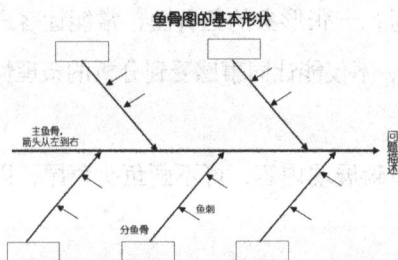

鱼骨图口诀

鱼骨图，像鱼刺；查问题，追原因；

主鱼骨，头向右；分鱼骨，来分类；

小鱼刺，写原因；众人来，献点子；

写清楚，不遗漏；圈重点，定措施；

有鱼头，有鱼尾；像鱼儿，真形象！

4. 如何在办公软件上绘制形象的鱼骨图

鱼骨图的形象化主要体现在鱼头与鱼尾部位。以 PowerPoint 为例，我们来讲一下如何绘制形象的鱼骨图。

① 打开 PowerPoint，在工具栏中单击"插入"选项卡中的"形状"按钮，单击"曲线"。

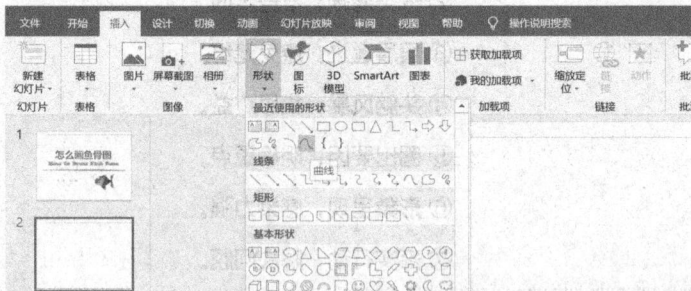

②用"曲线"绘制出鱼头轮廓，用"形状"中的"椭圆"画出鱼嘴、鱼眼睛。再用"形状"中的"直线"画一条横线作为"主鱼骨"。

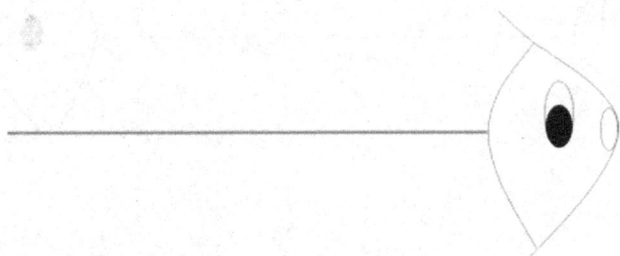

③用"曲线"绘制出鱼尾。用"自由曲线"给鱼尾加上一点条纹。

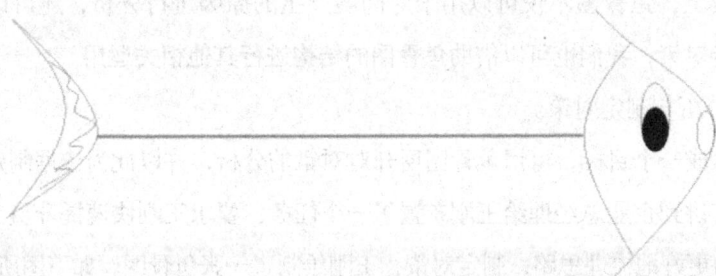

④用"直线箭头"给鱼骨加上"分鱼骨"及"鱼刺"。

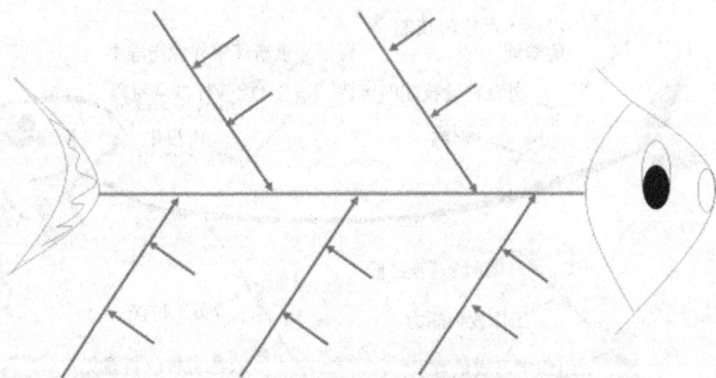

⑤加粗鱼头鱼尾轮廓，适当调整主鱼骨的长度、分鱼骨和鱼刺的粗细，也可在鱼嘴上方画些气泡。这样一张形象的空白鱼骨图就做好了。

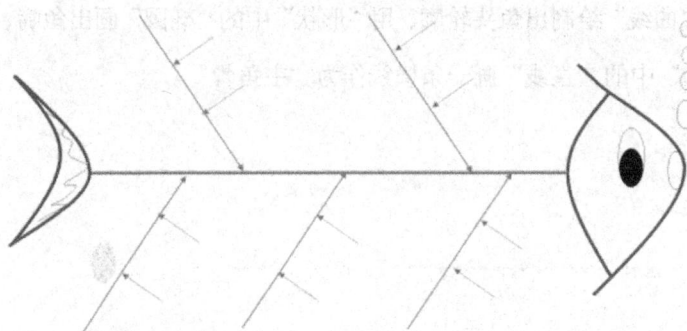

5. 鱼骨图的引申用途

前面讲述的是鱼骨图最主要的用途，即对问题产生的原因进行分析。

事实上，鱼骨图不仅可以用来对问题产生的原因进行分析，还可以用来分析与制定对策，我们也可以借助鱼骨图的结构进行其他相关运用。

① 分析与制定对策。

为达成一个目标，可用鱼骨图展开对对策的分析，并以此为依据制定对策。第三章曾讲到企业总经理给王刚布置了一个任务，要求王刚快速提升员工的质量意识。为更好地梳理思路，制定对策，王刚绘制了一张鱼骨图，如下图所示。

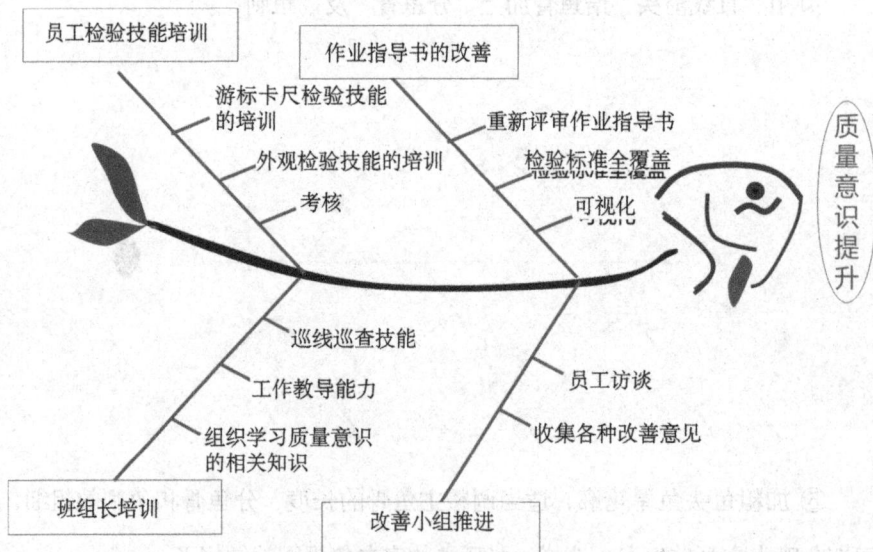

由于分析到位，条理清晰，企业总经理批准了王刚的实施方案，员工的质量意识也很快得到了提升。

②结构呈现。

企业可以借助鱼骨图的结构来呈现相关内容。

某工厂的5S管理改善取得了成功，用鱼骨图做一个改善成果的总结，以激励内部人员继续在这些方面进行努力并好好保持，或者将经验分享给集团内的其他工厂。

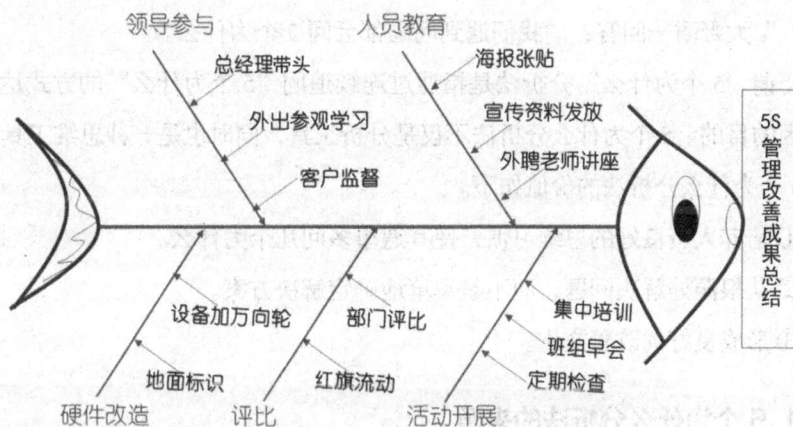

此外，我们也可用鱼骨图的结构来呈现一门课程或一本书等。

6.鱼骨图的显著价值

鱼骨图是QC7大手法中最常用的问题分析工具，具有以下6大价值。

①使问题分析结构化、条理化。

②可视化。将内容简洁明了地展示出来。

③亲和力。鱼给人一种亲近感，很多成语都借助"鱼"来表达美好的意思，如"年年有鱼""鱼跃龙门""鱼米之乡"等。

④易学易用。鱼骨图简单易学，可手绘，也可在电脑上绘制。

⑤发挥了团队智慧。在问题分析中，鱼骨图借助集体智慧，不仅对问题原因抓得广，也对重要原因抓得准。

⑥具有一定扩展性。鱼骨图不仅可以用于分析问题，同时还可以用于分析

和制定对策，以及通过其图形结构来展示相关内容。

正因为鱼骨图具有如此多的显著价值，得到了广泛运用。

二、5 个为什么

5 个为什么（5WHY）是精益管理中的一个工具，同样是用来分析问题产生原因的一个有效工具。

一次，记者问丰田公司前副社长大野耐一："你们为什么会取得那么好的成绩？"大野耐一回答："我们遇到问题都会问 5 个为什么。"

所谓"5 个为什么"分析法是指通过连续追问"5 个为什么"的方式达到查明真因的目的。5 个为什么分析法不仅是分析工具，同时也是一种思维工具。

5 个为什么分析法的价值如下。

① 培养人员良好的思维习惯，使其遇事多问几个为什么。

② 从根源处解决问题，而不是草草地确定解决方案。

③ 形成良好的改善文化。

1. 5 个为什么分析法的来源

5 个为什么分析法的来源可以追溯到工业工程（Industry Engineering）中的 5W2H 质问法，这要求我们从不同的角度发问，以找到改善的机会。

① 人的角度（Who）：为什么是这个人作业？需要专业的人手吗？他（她）的熟练度够吗？

② 地点的角度（Where）：为什么在这里作业？为什么离线作业？为什么在这条生产线上作业？

③ 时间的角度（When）：在这个时间点作业是否合理？是否应该提前或推后作业？

我曾在一家企业的食堂吃饭，看见企业人员在就餐完毕后需要走到放置区将碗筷、纸巾等物品放入对应的桶里，按照桶的顺序，先放纸巾，再放碗筷等物品。后来，有人反映这样不合理，应该先放碗筷，然后用纸巾擦下手上的油污，最后再放纸巾，这样才更合理。

④ 材料（物料）的角度（What）：应该用什么样的材料？材料的强度是否满足要求？有没有可替代的材料？提供材料的供应商是否通过了认证？

⑤ 原因的角度（Why）：为什么这样作业？为什么员工要站着作业？

⑥ 数量的角度（How Many）：为什么用这么多材料？可否少用材料？

⑦ 提升的角度（How）：怎么做会更好？

从多个角度提出质疑，确保当前作业安排的合理性，或者发现其中的可改善之处。

5个为什么分析法从中受到启迪而创立，5个为什么是指连续问5个为什么或连续问多个为什么，提问不是发散性的，而是聚焦于一个问题的产生原因的深挖式发问。

2. 单因素的5个为什么案例

大野耐一用一个经典案例来诠释5个为什么的基本做法及意义，这个经典案例因为简明易懂而被广泛引用。

案例：为什么机器停了

问：为什么机器停了？

答：因为超负荷保险丝断了。

问：为什么超负荷了呢？

答：因为轴承部分的润滑不够。

问：为什么润滑不够？

答：因为润滑泵吸不上油来。

问：为什么吸不上油来呢？

答：因为油泵轴因磨损而松动了。

问：为什么磨损了呢？

答：因为没有安装过滤器导致油泵轴里混进了铁屑。

在这个案例中，如果只问一个为什么，发现保险丝断了后，便会更换保险丝，没过多久，机器可能又会停了。这样的解决方式流于表面，效果不佳。通过连续追问 5 个为什么，最终发现油泵轴因磨损而松动，需要安装过滤器，防止混入铁屑，到这步，才算是找到了根本原因。

关于 5 个为什么分析法有一个"告别直接原因，路过间接原因，找到根本原因"的说法。

还有一个案例或故事，其真实性我们不做追究，但它可以帮助我们更好地理解 "5 个为什么"。

国外有一座高大巍峨的纪念馆，用白色大理石制成，十分壮观。但工作人员发现，白色大理石的表面出现了加速老化的迹象，有些地方甚至出现了裂缝。

一开始管理人员以为这是酸雨造成的，但令人不解的是，当地其他类似的建筑却没有发生这种情况。甚至有人怀疑是附近港口的防洪堤塌陷引起纪念馆地基沉降造成的，并提出了耗资数百万美元的加固计划。

专家通过仔细研究发现，纪念馆外墙的清洗频率远远高于其他类似的建筑，而化学清洁剂正是加速大理石表面老化的元凶。

这时，人们开始运用 5 个为什么分析法探寻缘由。

问：为什么要频繁清洗纪念馆的外墙？

答：因为上面鸟粪异乎寻常的多。

问：为什么鸟粪会这么多？

答：因为鸟特别爱光顾这里。

问：为什么鸟爱光顾这里？

答：因为这里盛产红白相间身体花纹的小蜘蛛，这正是鸟类钟爱的美食。

问：为什么这里会有这么多小蜘蛛？

答：因为纪念馆周围有很多蚊子、飞蛾等小昆虫，这些昆虫恰恰是那些蜘蛛喜欢的食物。

问：为什么这里的小昆虫这么多？

答：因为纪念馆比其他类似的建筑早开灯一小时，灯光吸引了大量的小昆虫。

使用 5 个为什么分析法后，人们发现"当初耗资数百万美元的加固计划"是非常不恰当的，5 个为什么分析法后帮纪念馆省了这笔钱，并找到了大理石表面加速老化的根本原因，因此该纪念馆采取了两项措施：①开展杀虫行动；②推迟开灯一小时。

3. 多因素的 5 个为什么分析法案例

大多数时候，5 个为什么难以一连串地单个问下去（单原因），因为导致一个问题出现的原因常不止一个，原因可能是多样的（多原因）。

另外，分析质量或工程问题时，对其原理应有所了解，如分析设备漏油问题，就应该对设备为什么用油，对所用油品有没有要求，设备原先是如何密封防止漏油的等基本的原理性信息有所了解，才能更好地发问。

手电筒按了开关不亮，从原理角度看，应该是灯泡没有电流通过。

为什么没有电流通过？可能是开关失灵了，可能是灯泡坏了，可能是电池没电了，可能是电路出问题了。

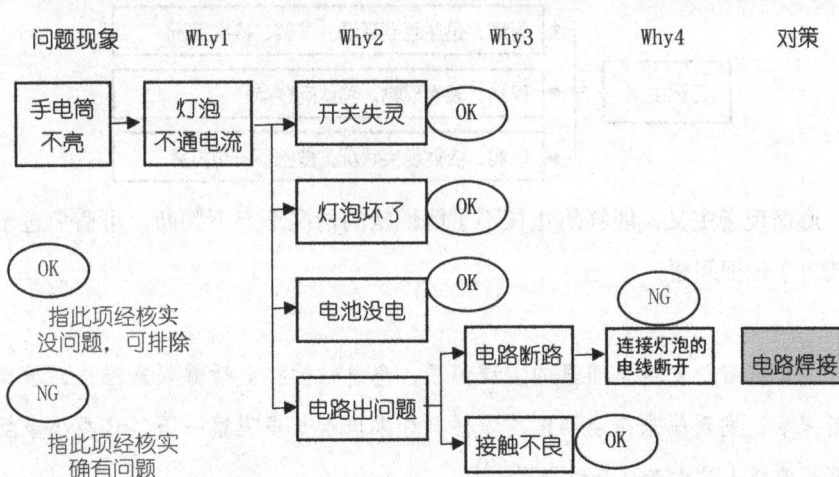

上面这个案例如果发生在日常生活场景中，分析到第四个为什么就已经够了。但如果发生在工业化场景中，专门生产手电筒的企业在检验时发现这个问题，还需要继续追问，如"为什么连接灯泡的电线会断开？"这时如果思路模糊，可考虑借助鱼骨图来理清思路，追查问题产生的根本原因。

多原因分析中，可通过现场核实等手段排除一些原因，使分析更为高效。

4.5 个为什么分析法的 7 个要点

一次，客户进行现场审核后，要求企业运用 5 个为什么分析法分析审核中发现的不符合项，负责整改的工程师感到棘手，发出这样的疑问："为什么是 5个为什么，3 个为什么可以吗？"

5 个为什么分析法必须要问 5 个为什么吗？很显然，并非要问 5 个为什么。在手电筒不亮的案例中，我们就只问了 4 个为什么。那么，运用 5 个为什么分析法时，有哪些注意要点呢？

5 个为什么分析法有如下 7 个要点要注意。

① 遵循现场主义。

现场主义的另一个名称为三现主义，即现场、现物、现实，意为到现场去，观察现物，根据现实情况做出决策。

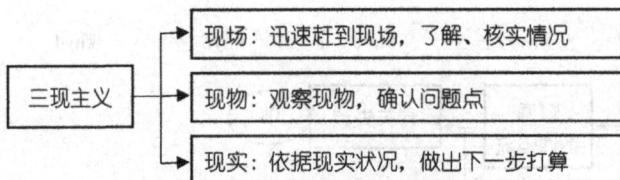

```
                  ┌─────────────────────────────────────┐
               ┌─▶│ 现场：迅速赶到现场，了解、核实情况      │
               │  └─────────────────────────────────────┘
   ┌────────┐  │  ┌─────────────────────────────────────┐
   │ 三现主义 │──┼─▶│ 现物：观察现物，确认问题点            │
   └────────┘  │  └─────────────────────────────────────┘
               │  ┌─────────────────────────────────────┐
               └─▶│ 现实：依据现实状况，做出下一步打算      │
                  └─────────────────────────────────────┘
```

遵循现场主义，能够防止在不了解现状的情况下妄下判断，可避免过于夸大或过于轻视问题。

一位班组长发现车间里的空调停了，急急忙忙打电话喊人来维修，维修人员赶来后，发现原来是空调插座没插。如果班组长多观察一下，这类小事就不用麻烦维修人员大老远赶过来了。

② 理清问题。

将大而笼统的问题分解成小而具体的问题，并尽量将问题描述清楚，即将问题发生在哪里、怎样发现的、谁是发现者等都描述清楚。理清问题便于对具体问题进行分析。

③ 依照原理、原则进行发问，不要跳跃式发问，发问要符合逻辑。

所谓原理，常指"一台设备是按什么原理工作的"，如驾驶汽车不系安全带导致发出警报，其原理是座椅上装有重力传感器，当探测到重量超过设定阈值，而安全带未系上时，会发出"嘟嘟嘟"的警报声。知晓原理，依照原理发问，能有效找出问题产生的原因。

所谓原则，常指"一台设备满足什么样的基本条件才会启动工作"，原则常指电源通电、达到一定压力或满足某种要求的环境等，如一台设备一切正常，但如果没有通电它就无法正常运行，或一辆新车如果不加油也就无法启动。

某新闻报道中称，某人食用了在冰箱冷冻柜里放了半年的饺子，出现了不良反应。这样的分析没有从原理、原则的角度进行，因为水饺在冷冻柜中的保质期可达一年。从原理、原则的角度分析，出现这样的情况可能是因为冷冻柜的冷冻效果不好，可能是水饺放入冷冻柜前已经变质或感染了细菌等。

"因为公鸡打鸣，所以天亮了"，这样的描述同样没有从原理、原则的角度出发，"公鸡打鸣"与"天亮了"只是现象的关联，两者并没有内在的因果关联，天亮了的原因是地球绕着太阳旋转到一定角度的结果。由此可见，从原理、原则的角度出发才可能进行正确的原因分析。

④ 并非一定要问"5 个"为什么。

5 个为什么分析法视具体问题来问，不能生拼硬凑，因此使用 5 个为什么分析法可以有 3 个为什么，也可以多于 5 个为什么。使用 5 个为什么分析法，需抱着"找到根本原因"的态度，避免围着问题打转。小孩子喜欢打破砂锅问到底，喜欢问为什么，但常常最后又问回了最开始的问题，这就是"打转"。

⑤ 防止隧道视野，同时杜绝借口。

隧道视野的意思是，车子进入一条隧道，就无法再掉头或看到其他的路。在多因素情况下，如果只分析其中一个因素，就会形成隧道视野。

在使用 5 个为什么分析法的过程中，我们可能会遇到"我们一向如此，别想着改变这个"的托词或借口，这时需要跟对方讲清楚，必要时可从上司那里获得支持。

⑥ 多原因分析中，可进行核实简化。

在多原因的情况下，根据实际状况对"不可能的原因"进行删减。比如手电筒不亮了，将电池拿下来装到别的地方，发现电池没有问题，这就可以排除电池没电的情况。

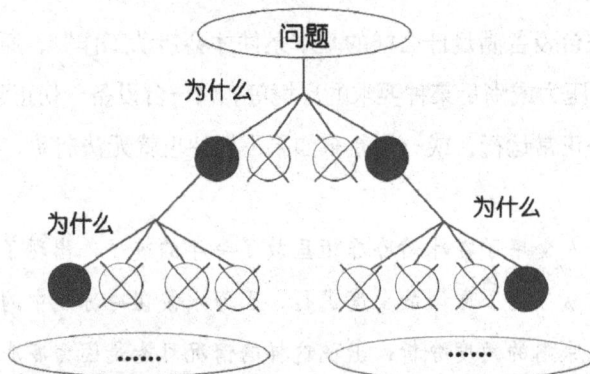

多原因分析中，通过核实验证，可排除不可能的原因，从而简化分析。

⑦ 必须采取相应措施。

与鱼骨图一样，5 个为什么分析法只是找到原因的一个工具，其根本目的在于制定针对性的措施并解决问题。

5 个为什么分析法的 7 个要点小结

① 遵循现场主义。

② 理清问题。

③ 依照原理、原则进行发问，不要跳跃式发问，发问要符合逻辑。

④ 并非一定要问"5 个"为什么。

⑤ 防止隧道视野，同时杜绝借口。

⑥ 多原因分析中，可进行核实简化。

⑦ 必须采取相应措施。

5.5 个为什么分析法与鱼骨图的关系及其应用场景

5个为什么分析法与鱼骨图都是查找问题真因的工具,两者可联合起来使用。用鱼骨图进行初步分析,再用5个为什么分析法对原因进行深挖,或者先用5个为什么分析法分析,遇到某一原因可以分解为更多具体的原因时,可用鱼骨图进行再次梳理。如上述"手电筒不亮"在工业化生产场景中,可用鱼骨图对"连接灯泡的电线断开"这个原因进行梳理。

5个为什么分析法与鱼骨图也有一些不同点,具体内容如下表所示。

序号	5个为什么分析法	鱼骨图
1	强项:对问题原因进行深挖	强项:结构化,原因抓得广,可视化程度高
2	不强调集体智慧的运用	强调借助于集体智慧
3	强调对原理、原则有所掌握	不注重掌握原理、原则
4	对设施设备问题的分析有优势	在梳理思路方面有优势

5个为什么分析法的思维方式在领导做决策或判断时,虽然不需要像"分析问题"那么严谨,但可以起到提升决策或判断的正确性的作用。

很多企业在分析质量问题时,会将5个为什么分析法内置于分析改善表格中,如下表所示。

真因分析:					
现象	Why1	Why2	Why3	Why4	Why5

质量分析中,5个为什么分析法主要有3种运用场景:①分析内部问题时;②回复客户投诉时;③要求供应商分析问题时。

延伸阅读：一张鱼骨图的运用

有段时间，我在一家外企从事供应商管理工作，因同事工作变动，我接手了一家新供应商的管理工作。这家供应商对我而言，是一家新供应商，对我所在的企业而言，是一家老供应商。这家供应商之前一直给我所在的企业供应钣金箱产品，但是其产品问题累累，客户投诉不断。

我每次到这家供应商的作业现场，都有一种很混乱的感觉，他们的人员常常更换，尤其是作业人员。由于管理差，工资缺乏吸引力，常有员工离职。现场人员搞不清工装放在哪里，检验有什么具体要求。该供应商也经常更换其供应商，导致其产品品质问题频现，而且经常是重复性的低级错误。

由于我刚刚接手，我也希望能给出有效的指导意见。这时，我想到了用鱼骨图的方法对产品的相关现状进行梳理，并根据鱼骨图实施与加强管控。

我们知道，鱼骨图不仅可以用于对问题产生的原因进行分析，同时借助鱼骨图的结构可以将相关内容梳理清楚，并条理化地呈现出来。

于是，我就梳理出了下面这些内容，并据此画出了鱼骨图。

（1）人员。对于产品而言，应该有相应的项目管理者、订单跟进者、生产管理者、技术员、熟练操作工以及检验员，明确这些人员并减少变动。我到现场时，对照这份清单，如有变动，可以检查出来，对此也可以提出针对性的要求。这是从人员角度提升品质稳定性。

（2）材料及外包商。因为产品较为复杂，需用到如油漆、焊条等材料并涉及不同工艺的外包商。将这些材料及外包商明确下来，并与供应商约定：如有变动需要提前通知。这样，管理也基本稳定了下来。

（3）工艺设备。明确生产产品需要用到的设备，并对相应的标准化文件进行梳理。这时我发现，这家供应商的标准化文件严重缺乏。后来我帮这家供应商做了一份出货检验指导书，明确了不合格品管理 SOP、关键工序 SOP、质量控制计划，并要求该供应商编制出其他的作业指导文件。

（4）相关统计。该供应商的员工以往经常搞不清图纸的版本及客户到底有过哪些投诉。在相关统计这个类别中，我要求该供应商梳理出模具/夹具清单、

特殊 / 外来检具清单、图纸版本清单与客户技术沟通档案、客户投诉清单、产品型号清单等，理清做什么产品该用什么模具等，从而杜绝在生产某件产品时出现找不到东西或弄不清相关要求等现象。

这就是鱼骨图延伸用途中"结构呈现"的运用事例，其将鱼骨图的结构化、条理化的特性发挥得淋漓尽致。此措施的实施，使得这家供应商的产品品质很快就有了稳定的提升。

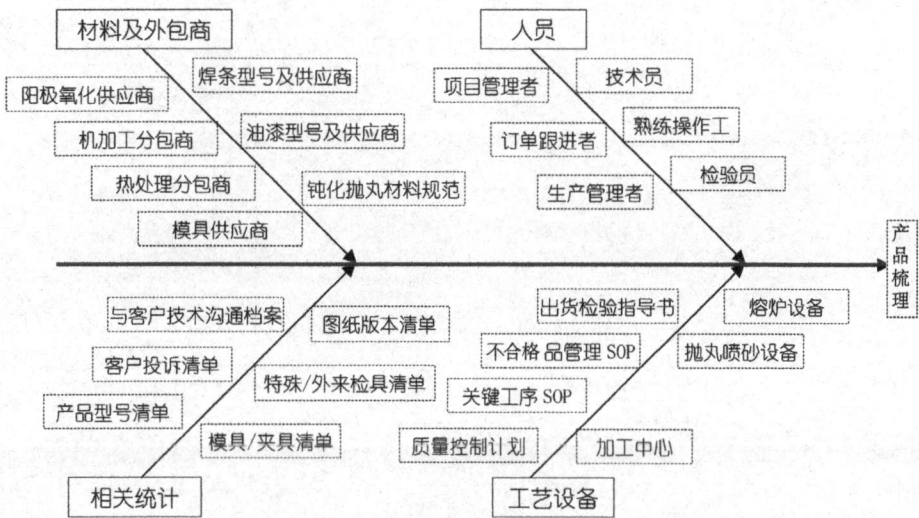

第六章

CHAPTER 6

解决问题的基本思路

什么是问题？问题可以定义为导致工作无法顺利开展的状况或是为进一步改变现状遭遇到的挑战。

一、问题的分类

问题大致上可以分为两类。

一类为被动型问题，这类问题如不解决，工作将无法开展或企业将遭受直接的损失。这类问题主要包括设备坏了、生产线停了、客户投诉了、安全出问题了等，被动型问题的解决有一定的紧迫性。

周星星是某企业的一名生产主管。一天，生产线停了，周星星向部长汇报："生产线停了。"部长大怒："生产线怎么能随便停下来？赶紧去解决！"周星星来不及解释，赶紧回到车间解决问题。又一天，生产线又停线了，周星星这次学乖了，向部长汇报："我将生产线停了10分钟，因为不停的话就会继续有不合格品流出。"这次，部长没再训斥周星星，还夸他做得好、品质意识强。这虽然是一个揭示语言表达技巧的例子，但也说明了，生产线停了等类似的问题是需要尽快解决的。

另一类为主动型问题，主动型问题是指为改变现状而主动查找出的问题，比如主动成立改善小组，查找出平时可能忽视的潜在的质量问题、管理问题并进行分析改善。这一类问题包括提升设备效能、提升员工的质量意识、提高产品合格率、调整组织架构、优化流程、提升会议效率等。

解决被动型问题是为了能顺利工作，而解决主动型问题则是为了提升管理效率，使企业获得更强的竞争力。主动型问题的解决有一定的预防性功能，主动型问题发现得越多，解决得越好，被动型问题会随之减少。

被动型问题易于识别，而主动型问题则具有隐蔽性，识别它需要一定的技巧。

问题冰山

被动型问题显露
于冰面之上

主动型问题藏于冰面
之下，需要主动挖掘

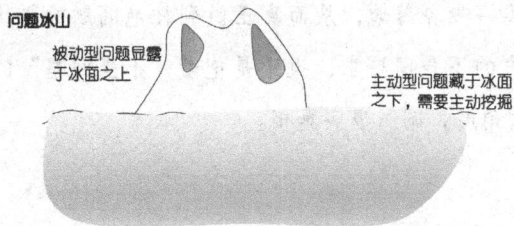

从问题解决的角度看，企业管理的差异可以归结为对待问题的态度及解决问题的质量。

好的企业对待问题有敬畏心，将问题视作促进自身改善的机会。某企业管理人员经常查看电商网站上消费者的留言，从中发现问题并收集整理，以促进企业进行改善。一家餐饮企业被媒体曝光其一家分店有老鼠出没后，没有去辩解这是极个别分店的极个别现象，而是深刻意识到自己的某些细节工作确实没有做到位，第一时间道歉并停业整改，并在内部制定落实了一系列措施。由于认真对待问题并及时处理，这家餐饮企业的管理水平反而因此有了很大提升。

二、解决问题的 4 个意识

为更好地解决问题，企业人员应具备以下 4 个方面的基本意识。

① 客户意识。

站在客户视角发现问题、解决问题，以提升客户体验感。以客户视角进行的思考包括以下内容。

a. 客户是否愿意多付钱？（价值吸引）

b. 客户体验感是否可以更好？（产生口碑）

c. 承诺能否及时兑现？（不开空头支票）

d. 是否从客户应用场景进行了考量？（便捷实用）

不同企业对待客户投诉存在着两种截然不同的态度。一些企业认为客户吹毛求疵、没事找事；而另一些企业在面对客户投诉时，"如临大敌，不敢有丝毫怠慢"，将改善一步步落地，从而真正做到杜绝问题的再次发生。这些优秀企业即便遇到客户的不合理要求，也不是抱着"不当回事"的态度，而是积极沟通，站在双方的角度，阐明事实真相。

②现场意识。

金庸先生的《鹿鼎记》中有这么一个细节，韦小宝对康熙说："太后这会儿正在安睡养伤，只怕探不到什么。"康熙道："没探过，怎知探不到什么？"康熙的这句反问说明任何事情只有经过现场核实才能知道具体情况。

问题发生时，首先要从现场获得第一手的信息，这些信息包括：发生了什么问题，谁是当事人，造成了多大影响，不良率是多少，不合格品现在在何处等。

日本改善学家今井正明曾提出解决现场问题的 5 个步骤分别是：a. 当问题（异常）发生时，要先去现场；b. 检查现物（有关的物件）；c. 当场采取暂行处置措施；d. 发掘真正原因并将之消除；e. 将处理流程标准化以防止再发生。

③担当意识。

担当意识主要指面对问题时，不推诿，勇于承担责任。担当意识包括：a. 担当起自身职责；b. 有始有终地做好一项工作；c. 协助其他业务部门解决问题。

④团队意识。

一方面，某些问题的解决存在一定难度，需要依赖团队的力量。另一方面，问题的产生常关联到多个部门，只有每个部门将各自的那一部分工作做好，问题才能彻底解决。

生产线上，员工老是遇到工装容易"磨损"的问题，仅靠生产部肯定无法解决问题。在这个问题中，生产部担负着及时发现以及确保员工正确操作的责任，如果操作方法不正确，工装也容易产生"磨损"的状况；工艺部需要更改工装的设计；采购部需要进行新工装材料的采购；而设备部需要协助完成新工装的调试安装等。相关部门共同携手才能更好地解决问题。

三、解决问题的 6 条原则

① 问题是改善之母。

不要害怕问题，问题是我们改善的机会。解决被动型问题，工作才能顺利开展；腾出时间精力，解决主动型问题，企业的运营效率会越来越高。

从企业运营的角度看，发现问题的机会主要有以下几个。

a. 客户的投诉。

比如某餐饮企业经常查看点评网的消费者留言，了解客户的反馈。

b. 员工对流程或制度的抱怨。

通常通过第三方机构与人员对员工进行访谈。面对第三方人员，员工常会坦露内心想法，从而企业可以收集到员工眼中的问题。企业也可在内部开展不记名的民意测试。

c. 对标同行或标杆企业来发现问题。

企业一般可通过对标同行或标杆企业来发现自身问题，还有就是企业管理人员在参加培训时，学习其他企业的管理案例，对比自身状况，发现存在的问题。

d. 对照发展目标或新市场的要求来发现问题。

如某药企打算进军欧洲市场，对标欧洲市场准入标准，发现自身还有很多不足。

e. 通过数据分析来发现问题。

企业通过数据分析，及时发现如销售额下降、来料质量不稳定、员工离职率高等问题。

f. 通过外部人员的审核来发现问题。

如 ISO 外审或客户审核发现的问题。

g. 对潜在的市场威胁进行分析。

对市场前景进行分析，明确潜在的威胁，从而及时调整战略或产品布局。家电曾是美国通用电气公司的一项主营业务，但面临着一些国家的低成本竞争，在其在家电行业尚且赢利的状况下，通用电气公司果断地将这项业务剥离了出去。

② 及时发现问题，及时解决问题。

这一条原则对应于我们前面提到的"早鸟原则"，越早发现问题并予以纠正，解决问题的成本越小。

有一个关于产品变更成本的例子。某企业市场人员有一个关于新产品的想法，毫无疑问，此时变更成本很低，改变的仅仅只是一个想法而已；一旦原想法被批准，有了图纸，再发现问题，此时需要变更或放弃，成本就会升至"原先仅改变想法"的 10 倍或更多；如果进入样品试制阶段，购买了材料设备，制作了检具、模具，此时发现问题，需要变更或放弃，成本将再次提升 10 倍或更多；如果到了量产阶段，已投入较多的人力财力，此时发现问题，需要变更或放弃，此时成本将再次提升 10 倍或更多。由此可见，问题发现得越早，及时调整，损失越小。

③ 运用层别的思想。

将现状或问题出现的原因分门别类，才能使问题更好地显现出来，从而梳理出重点原因或者发现其中的规律。比如，将不同设备所生产产品的质量数据放在一起，就很难发现是哪台设备出了问题。

质量问题分析中常用的分类方法如下。

a. 按人员（组别、熟练度、受教育程度等）分类。

b. 按设备（不同的设备、模具、刀具）分类。

c. 按原材料（不同的供应商、批次等）分类。

d. 按作业手法（人工与自动化、新旧工艺）分类。

e. 按作业环境（温度、湿度、地点）分类。

f. 按时间（班次、上午或下午、日期等）分类。

g. 按产线（A、B 产线）分类。

h. 按批次（不同的投产批次）分类。

对生产过程中所运用的查检表，事先都进行了必要分类，再进行相关数据的收集，这使得问题更容易显露出来。

有这么一道"找规律填数字"的小学数学题：

15，20，12，25，9，30，（ ），35，3，（ ），0，45。

稍加分类，不难发现答案为 6 与 40，如果不进行分类，即便这是一道简单的小学数学题，我们可能一时也很难得出答案。

④ 优先解决重点问题。

重点问题优先解决。一个产品的不良很多，如果重点解决掉占比高的前 3 项，则该产品的合格率将会有显著的提升。优先解决重点问题，事实上就是 28 原理的运用，2 指问题的占比，8 则指这些问题产生的影响的占比，即解决了 20% 的重点问题，能产生 80% 的积极影响。

⑤ 找到问题真因，问题就解决了一半。

解决问题，需要找准原因。对症下药，才能有效解决问题。

如果一个人感冒了，可能是受凉感冒，也可能是病毒性感冒。这两种感冒的治疗方式完全不一样，如果不了解感冒产生的原因，胡乱吃药，不仅不利于康复，还可能加重病情。

⑥ 解决问题是一个"练兵"的过程。

解决问题是一个实战过程，通过分析解决问题，可以提升团队的配合度，使人员真正掌握各种分析改善工具，提升人员解决问题的能力，从而起到"练兵"的作用。最终，解决问题提升了企业的运营效率。

四、解决问题的 8 个步骤

解决问题的步骤应依照 PDCA 的 4 个环节开展，即计划（Plan）、执行（Do）、检查（Check）、行动（Action）。

实际解决问题时，人们又把 PDCA 的 4 个环节扩展为 8 个步骤，从而使其更具可操作性。

1. 解决问题的 8 个步骤

① 认识问题。

认识问题的目的在于明确发生了什么。认识问题的关键在于培育人员的问题意识，对问题进行分类，确定优先解决的问题。通常，解决被动型问题如"救火"，具有一定的紧迫性；解决主动型问题如"练内功"，可以提升企业的运营效率。

② 把握现状。

收集问题的相关数据，将大而模糊的问题归结为小而具体的问题，定性、定量地掌握问题。控制问题的影响面，防止问题的影响进一步扩大，采取措施如停机停线、暂停出货给客户等。

③ 设定目标。

设定目标即定义改善到什么程度。设定目标既明确了方向，同时也有鼓舞团队的作用，比如一个人设定减肥目标，一想到达成目标时的苗条身材对其自身来说就是一种鼓舞。

设定目标一般采用 SMART 方法。

S：Specific，即设定具体目标。比如，"降低不良率"这样的描述很笼统，改为"降低总装 3 线 XX 产品的外观不良"则具体得多。

M：Measurable，设定可衡量的目标，即将目标量化，便于衡量。

A：Ambitious，设立有挑战性的目标，即设定"跳起来，够得着"的目标。

R：Reliable，目标可靠及有源头。目标有源头指目标有一定的关联性，比如来源于客户的要求，来源于企业的年度规划或部门目标等。

T：Time-bound，规定实现目标的时间期限。

下面举一个 SMART 设定目标的具体例子。

提升 A301 组装生产线班次产量（Specific）。

将每产线每班次产量从 2450 件提升到 3100 件（Measurable）。

实现将近 1/3（26.53%）的提升（Ambitious）。

经会议讨论决定，有一定的可能性（Reliable）。

时间为 3 个月（Time-bound）。

用 SMART 方法设定的目标聚焦且易于衡量。

④ 确定真因。

这里的"真因"也称为"要因"，即主要的原因。问题发生的可能原因很多，需要进行排除或深挖，查找到真正原因或关键原因。前面讲到的鱼骨图及 5 个为什么分析方法就是查找真因的主要工具。

⑤ 拟定对策。

针对真因制定改善对策。

奥斯本为拓展人们的思考，提出了一些原则：a. 排除；b. 正与反；c. 正常与例外；d. 定数与变数；e. 转化和适应；f. 集中与分散；g. 扩大与缩小；h. 并列和串列；I. 改变顺序；J. 平等与直列；k. 互补和代替；l. 差异和共性。这些原则有助于人们在拟定改善对策时扩展思维。

⑥ 实施对策。

实施拟定的对策，包括购买必要的物资、进行试验测试等。

⑦ 确认效果。

确认对策的效果，如没有效果，需要再对原因进行分析并重新拟定实施对策。

⑧ 横向展开。

主要指取得成果后，将改善方法标准化，如更新作业指导书等。同时，将改善成果运用到更多区域，比如从一条生产线扩展到车间内的所有生产线，从一家分厂扩展到全公司的所有工厂，使得改善成果最大化。横向展开还指将改善经验分享给更多的人。

解决问题的 8 个步骤示意图

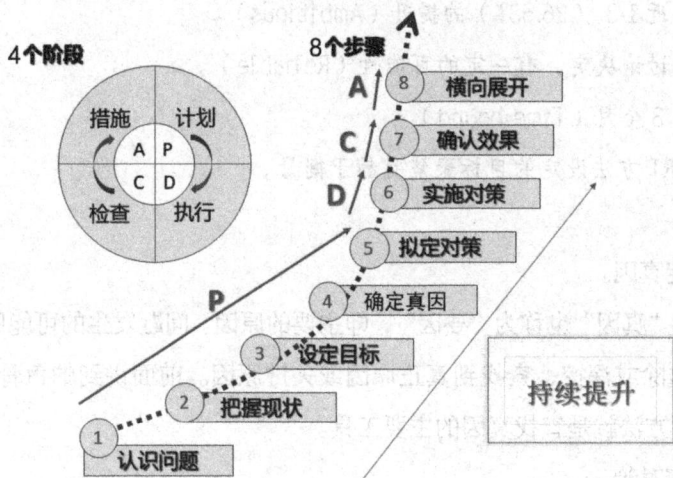

2. 解决质量问题的 8D 方法

8D 方法是由福特公司要求其供应商解决质量问题时所采用的方法，现已被扩展并运用于企业内部质量问题的改善。8D 中的"D"是英文"Discipline"的缩写，含义为"规则、纪律"，8D 即解决质量问题时需遵守的 8 条规则，也称为"解决质量问题的 8 个步骤"。

福特公司最开始发现供应商出现质量问题时，解决问题缺乏章法，且有时由一名工程师闭门造车式地填写好改善报告就草草了事，这种情况下，问题并没有从根源上得到解决。于是，福特公司编制出 8D 方法，要求其供应商必须按8D 的格式及要求来解决质量问题。

8D 方法有 3 个特征。①有相对固定严谨的格式。②明确要求以团队的形式来解决问题，因此 8D 方法也称为"团队导向的问题解决方式"。因为质量问题常常关联多个不同的部门，如果仅由一个人或一个部门来解决，问题通常无法被彻底解决。③推荐供应商使用专业的质量分析方法，比如鱼骨图、5 个为什么分析法等。

8D 算上 D0 实际有 9 个 D，因为习惯的关系，人们还是称之为 8D。8D 方法的主要内容如下。

①D0：征兆紧急反应措施。

这主要是指"止损，建立隔离带"，可采取如"停机停线、通知相关人员、仓库清点"等紧急措施。

②D1：成立小组。

成立跨部门小组，这些部门可能包括设计部、工艺部、质量部、生产部、采购部、客服部等。小组组长为问题解决的主导者。

③D2：问题说明。

小组应将问题描述清楚,通常包括不合格品的型号、名称、数量、比例等信息。

④D3：实施并验证临时措施。

这是指在D0的基础上采取进一步的措施以防止问题扩散，或者及时满足客户需求，比如通过全检将合格品紧急供应给客户，防止客户生产线停线。

⑤D4：确定并验证根本原因。

这一步主要查找问题发生的根本原因。

⑥D5：选择和验证永久纠正措施。

根据根本原因拟定并验证对策，比如更换材料的验证、更换工装的验证等。

⑦D6：实施永久纠正措施。

在D5的基础上实施经过验证的措施。

⑧D7：预防再发生。

通过采取工艺更新等标准化手段，确保该问题不会再发生。

⑨D8：小组祝贺。

确认改善小组取得的成绩，并表示祝贺，使改善人员获得成就感。

8D方法以及我们前面提到的"解决问题的8个步骤"，都遵守PDCA的基本思路，因此两者之间有一定的相似性。

8D报告表格的参照格式如下。

8D 报告（参照格式）				
机种		料号		发生日期		NO:8D
投入数		不良数		不良比率	
发生场所		问题定性		□ CR □ MA □ MI	

续表

8D 报告（参照格式）
D0 征兆紧急反应措施：
D1 成立小组：
D2 问题说明：
D3 实施并验证临时措施：
D4 确定并验证根本原因：
D5 选择和验证永久纠正措施：
D6 实施永久纠正措施：
D7 预防再发生：
D8 小组祝贺
报告填写信息：
客户确认信息：

注：报告填写信息指报告填写人、日期、确认等相关信息；客户确认信息由客户填写，包括是否确认、确认人、日期等相关信息。

五、QC7 大手法简介

QC7 大手法分别是查检表、层别法、柏拉图、鱼骨图、散布图、直方图、控制图。QC7 大手法由日本质量管理学家石川馨整理提出，其中鱼骨图可算作其原创手法。7 大手法中，柏拉图（帕累托图）是由朱兰博士从经济学领域导入到质量分析中来的，控制图由休哈特博士于 1924 年提出。

QC7 大手法保留了原先"统计过程时代"的直方图与控制图，加入了更多简单易用的问题分析方法，让一线管理人员乃至员工都可以学习运用 QC7 大手法，从而使"人人参与质量分析改善"成为可能。这是 QC7 大手法的划时代意义，按照石川馨的说法，QC7 大手法可以分析"现场 95% 的问题"。

用今天的眼光看，管理学的进步催生了诸多新的分析改善工具，使人们有了更多的选择。但不可否认的是，QC7 大手法因简单易用的特点，依然有着较大的普及与使用价值。

在 QC7 大手法之后，日本科技联盟又提出了新 QC7 大手法，但其在质量分析中的实用性不及 QC7 大手法，因为新 QC7 大手法侧重于对"语言素材"的分析，QC7 大手法侧重于对"数据"的分析，而质量与"数据"有紧密的相关性。

QC7 大手法的具体内容如下。

① 查检表。

查检表也称为检查表或数据收集表。查检表可分为两类，一类用于监控，即填写日常检验数据；另一类用于调研，即出现质量问题后，编制查检表，调查问题的具体状况及原因。

运用查检表有以下 3 个要点。

a. 明确查检表的目的。只有明确目的才能发挥查检表的作用，否则即使收集了数据也发挥不了查检表的作用，而且生产线上如果有过多的记录表格，会影响正常的日常作业。

某些时候，查检表只在一段时间内有作用，比如客户指定收集某些质量数据，后来，客户获得了想要的数据，便取消了这份查检表，但生产线未及时收到通知，还在一如既往地收集数据，此时查检表已经失去了意义。

企业有必要对查检表进行审查、整合甚至取消，以防止查检表过多或过于繁琐。

b. 杜绝假数据、粗数据以及不及时的数据。假数据指凭空捏造的数据。粗数据通常指未按要求填写或未精确测量的数据，比如本应保留 2 位小数的数据，表格数据却只有整数。数据不及时填写的可能导致员工为补全数据记录，根据自己模糊的记忆填写或干脆胡乱填写，使数据"失真"。这样的数据会影响分析结果的准确性。

c. 表格设计应先经过层别并具有一定的靶向性。通过层别，就可以将数据的趋势初步显现出来；靶向性则是为了突出重点，特别是对关键特性的检测以及容易出问题的特性的检测。

② 层别法。

从严格意义上讲，层别法不是一种独立的方法，而是一种解析问题的思维。

数据需要分层，如果数据搅和在一起，我们很难发现其中存在的问题或其趋势。

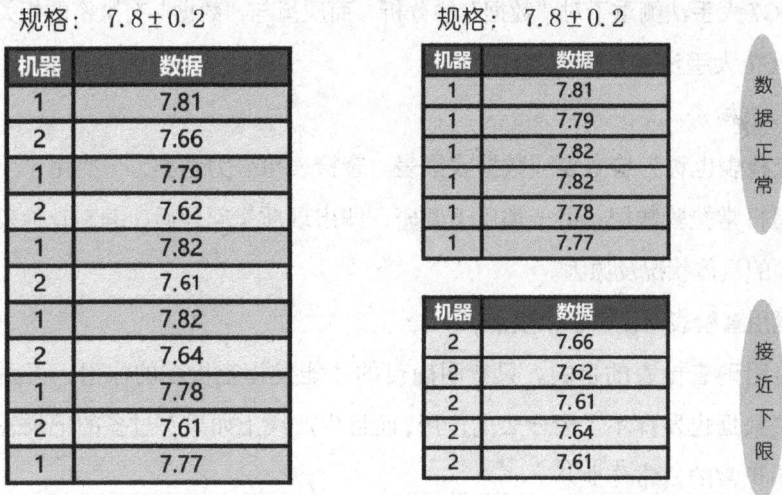

规格： 7.8±0.2

机器	数据
1	7.81
2	7.66
1	7.79
2	7.62
1	7.82
2	7.61
1	7.82
2	7.64
1	7.78
2	7.61
1	7.77

分层前的数据，
很难看出问题。

规格： 7.8±0.2

机器	数据
1	7.81
1	7.79
1	7.82
1	7.82
1	7.78
1	7.77

数据正常

机器	数据
2	7.66
2	7.62
2	7.61
2	7.64
2	7.61

接近下限

分层后的数据，可以清晰地看出机器 2
的数据已接近下限，需要及时调整，否
则可能会出现不良。

③柏拉图。

柏拉图也称为帕累托图，运用的是 28 原理或 ABC 分类法。柏拉图在质量
分析中主要用于不良率的分析，柏拉图可对主要的不良类别进行可视化展示，
从而能帮助我们捕捉到重点不良，并对重点不良展开改善。

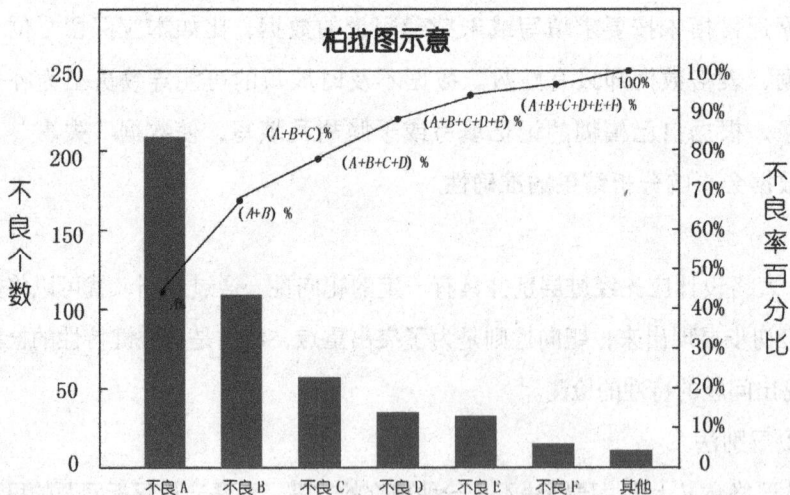

柏拉图示意

制作柏拉图的步骤：a. 收集不良数据，按不良类别、不良个数从大到小的顺序排列，计算出不良率及累积不良率；b. 作图，横坐标为不良的类别，左纵坐标为不良个数，右纵坐标为不良率百分比，作出不良类别对应的柱形条，其高度为不良个数；作出对应的累积不良率，绘制出折线图，一幅柏拉图就完成了。

柏拉图按不良类别的分类，也是层别思想的体现。

④鱼骨图。

鱼骨图以其像鱼骨而得名，也称为鱼刺图、因果图或特性要因图，是分析查找质量问题产生的原因时的常用工具。鱼骨图运用极为广泛，前面已专门讲解过鱼骨图，这里不再赘述。

⑤散布图。

散布图主要用于衡量两个变量之间有无相关性。若 A 增加，B 随之增加，或 A 减少，B 随之减少，说明两者之间存在正相关性；若 A 增加，B 随之减少，或 A 减少，B 随之增加，说明两者之间存在负相关性；若无论 A 增加还是减少，B 并无随之变化的规律，则两者之间无相关性。

通过散布图判定两个变量之间的相关性，有助于运用某一个工艺参数来控制另一个工艺参数，从而获得我们想要的结果。

有时为了获得清晰的走势，同样需要先对数据进行层别，进而绘制散布图。

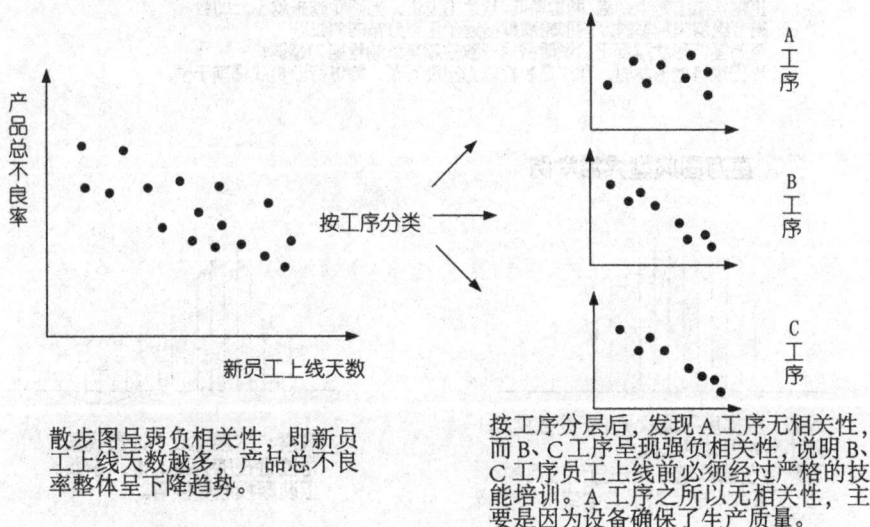

散步图呈弱负相关性，即新员工上线天数越多，产品总不良率整体呈下降趋势。

按工序分层后，发现 A 工序无相关性，而 B、C 工序呈现强负相关性，说明 B、C 工序员工上线前必须经过严格的技能培训。A 工序之所以无相关性，主要是因为设备确保了生产质量。

⑥直方图。

直方图是直观查看制程能力的一种工具。对一个制程测得较多的数据时，比如一百多个数据或几百个数据，这时制程能力及其存在的问题就会显露出来。但是，光看一堆数据很难看出问题，这就需要通过图示的形式来直观展示，这种图示形式就是直方图。

直方图的大致思路是收集数据，为数据设立一定间距，进而将对应间距的数据个数绘制成矩形，这样就可以直观地看出不同间距的数据分布状况。正常状况下的直方图应是中间高两边渐低，排列越紧密说明制程能力越高，数据一致性越好。

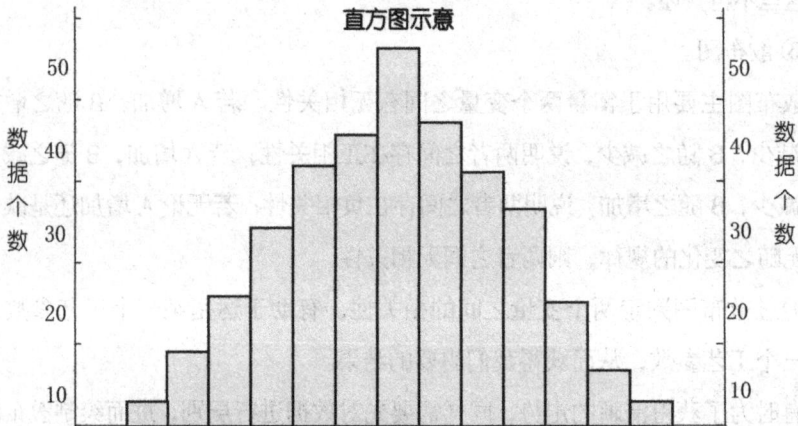

直方图示意

设置间距，这些间距分布在横轴上，含纳所有数据；
正常状态应是中间高、两边渐低。从理论上讲，当间距越来越小，即数据分组越来越多时，图形轮廓越接近于正态分布的曲线。
直方图的形状越扁平，说明数据一致性越差，制程能力越弱；
当出现其他形状时，可能是制程能力出现问题，需进行分析或提前干预。

直方图典型异常举例

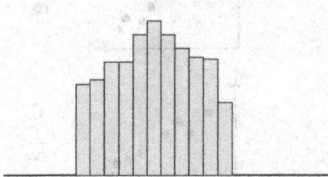

观察： 数据呈平顶状（在不同数据间距中分布基本平均）。
可能存在的异常： 无法显示应有的状态；工装处于逐步磨损之中或由操作疲劳引起。

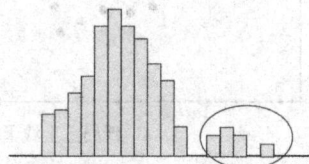

观察： 数据出现不连贯现象。
可能存在的异常： 混入杂质；工装磨损后更换等。

直方图的另一个重要运用就是可以对实际的制程界限（Process Limit，PL）与规格界限（Specification Limit，SL）进行对比，以确定制程能力的作用。

直方图中制程界限 (PL) 与规格界线 (SL) 的对比

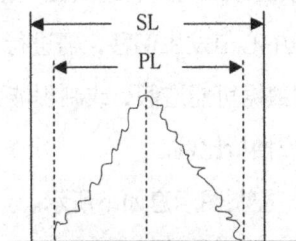

理想型：制程界限与规格界限的中心值（平均值）重叠。

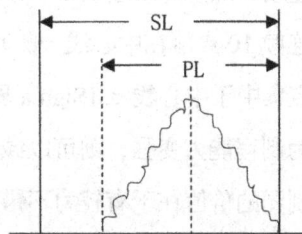

偏差型：制程界限与规格界限的中心值（平均值）有偏差；偏差越大，制程能力的作用越小；应通过工艺进行调整，尽量使偏差变小。

从直方图中可以引导出 3Sigma 的概念，Sigma 是"标准差"的意思，即收集的数据与平均值的离散程度，这个离散程度越小，说明制程能力越强。

根据数据的自身状况，在中心线（平均值）两侧建立正负 3Sigma 的左右界限，那么数据落在此界限内的概率为 99.73%，这就是休哈特提出的控制图的理论基础。

从直方图中还可以引导出 Cp（制程能力指数）及 Cpk（有用的制程能力指数）等概念，Cp 是指不考虑制程界限与规格界限的偏差的制程能力指数，而 Cpk 则是考虑了制程界限与规格界限的偏差的制程能力指数。

⑦ 控制图。

控制图的大致原理是，当制程形成稳定状态后，收集数据计算出 Sigma 的值，以 3Sigma 为基准在中心线（平均值）两侧建立界限，则形成了控制图的原始图。

以此控制图的原始图就可以判定新数据有无异常状况或制程是否形成了新的能力。

首先，新数据点落在界限内的概率为 99.73%，如果新数据点落在界限外，基本可以判定为异常（有 0.27% 的概率为自然现象），这时提前介入分析改善，能有效地维持良好的制程能力，并防止不良的产生。

其次，观察连续多个数据点的落点位置，也能判定异常的发生或制程自身的变化。比如，连续多点持续向上移动，说明制程有异常，如不提前干预，可能会超出上限，出现不合格品。

根据连续落点位置预警的主要状况有以下3种。

a. 连续6点上升或连续6点下降，工装可能磨损或材料有连续性变化。

b. 连续10点落在中心线一侧时，说明制程中心值发生偏移，需进行分析。

c. 点集中于中心线±1Sigma界限内，说明数据可能造假，或制程能力变强。若核实为制程能力变强，则可以减少检验频次或抽检比例。

控制图的价值在于有较为不错的预警功能，控制图示意如下所示。

控制图示意

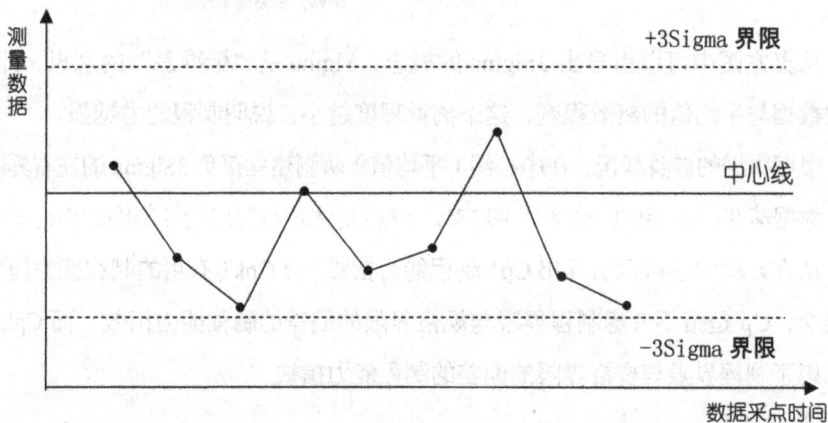

QC7大手法可简单归结为：查检表集数据，层别法做分类，柏拉图抓重点，鱼骨图找原因，散布图验相关，直方图看分布，控制图判异常。

实际运用中，有"一表两图"的说法。一表指查检表，查检表本就有广泛的运用；两图则指柏拉图与鱼骨图，主要是因为这两种图示既简单，可视化效果又好，所以广受企业人士欢迎。

QC7大手法提出时，电脑尚未普及，办公软件还未出现，当时绘制主要依赖于人工。现在的办公软件的图表功能已很完善，用来绘图非常方便，且其他图表在进行数据分析时也得到了广泛运用，比如饼状图、折线图等。利用现有的质量数据专业软件来计算Sigma值、平均值、Cp值、Cpk值等也极为方便。

延伸阅读：运营管理中的 122 个典型问题

本章主要讲述解决问题的基本思路，这里梳理出了企业运营中的典型问题，共计 122 个，分为"来料及仓库问题""生产计划及采购问题""现场及安全问题""设备及作业指导书问题""检验及客户服务问题""管理人员的问题""流程及制度问题" 7 个类别，供查找企业内部问题时对照参考。

一、来料及仓库问题

1. 来料不良多。

2. 来料不良信息未及时反馈给供应商。

3. 缺乏有效手段促进供应商进行改善。

4. 对供应商的来料数据未进行有效统计与可视化展示。

5. 仓库呆料过多。

6. 仓库物料查找不易。

7. 仓库存在安全隐患。

8. 仓库标识不清晰。

9. 仓库物料系统中的信息未及时更新。

10. 仓库存在脏乱状况。

11. 仓库距离生产现场过远。

12. 仓库发生过失窃状况。

二、生产计划及采购问题

13. 生产计划信息传递不及时。

14. 生产计划中的优先顺序存在不合理之处。

15. 生产计划不精准。

16. 因缺乏与客户的及时沟通，经常有插单状况出现。

17. 市场人员不负责任地许诺，导致生产无法跟进。

18. 生产未严格按生产计划执行。

19. 从销售到采购的信息流动未完全打通，存在信息阻隔。

20. 采购人员或销售人员与外部有不当交易。

21. 采购人员凭个人喜好给供应商下单，而非根据供应商的实际状况下单。

22. 采购人员对供应商的实际生产进度缺乏掌控。

23. 供应商的样品与实际生产出来的产品有明显差距，管理人员疏于管控。

24. 因对供应市场的状况不了解，导致某供应商断供时，无法从其他来源快速获得供应。

25. 供应商管理人员经常去供应商处出差，却很少有相关业绩的呈现。

26. 缺乏对供应商的辅导与帮助。

27. 供应商管理人员在供应商处有不当行为，比如中午饮酒、在供应商处办公室内吸烟等。

28. 供应商管理人员的差旅费报销有明显问题。

三、现场及安全问题

29. 现场较为杂乱。

30. 现场的可视化程度不足。

31. 现场缺乏提倡员工提出改善意见或吸纳员工改善意见的氛围。

32. 现场的安全标识工作做得不到位。

33. 现场存在安全隐患。

34. 未充分识别现场的危险源，并未据已识别的危险源制定相应措施。

35. 对员工的安全培训不充分。

36. 以往发生安全事故时，未充分梳理总结及开展教育，存在再犯的可能性。

37. 缺乏关于安全管控的流程或制度规定，或这些规定的有效性已大打折扣。

38. 现场关于安全的可视化工作做得不到位，比如缺乏关于安全知识、安全制度、安全管理方法、安全事例的分析等的宣讲。

39. 现场缺乏对日常安全工作的有效性的监控。

40. 缺乏安全方面的专职人员。

41. 负责安全方面的专职人员的技能与意识尚不完善。

42. 无法在现场直观探知生产的产品及其状态。

43. 员工敷衍地填写"设备点检表"等表格。

44. 大多数员工只知日常作业，却忽视了改善的重要性。

45. 缺乏早会的沟通，或早会效率太低。

46. 现场的基础性管理存在不足，如班组管理、5S管理、标准化、人员培训等。

47. 现场存在不合理的等待浪费。

48. 现场存在大量半成品堆积的情况。

49. 现场缺乏"快速反应机制"，以至于发生状况时，处理速度太慢。

50. 现场有问题"一犯再犯"的状况。

51. 现场采用过大批量的生产推进方式，以至于换产品生产时，无法及时消化在线库存。

52. 现场缺乏关于区域划线及标识的基准，导致划线或标识混乱。

53. 现场可视化看板上的信息未及时更新。

54. 现场可视化看板不美观，布局混乱，或缺少对比。

55. 现场基础设施缺乏必要的维护。

四、设备及作业指导书问题

56. 设备存在"跑冒滴漏"等状况，却无人问津。

57. 缺乏关于设备微缺陷的识别指导，并未进行改善。

58. 员工不善于运用工装来提升定位等的工作效率，且存在一定安全隐患。

59. 设备缺乏专业维护，导致设备劣化速度快于常速。

60. 模具切换或生产转型存在时间上的浪费。

61. 设备的备品备件管理混乱。

62. 某些备品备件的领用未及时记录。

63. 现场有作业指导书，但并未将之用于实际操作。

64. 作业指导书未及时更新，其中的很多信息已不再实用。

65. 作业指导书未吸纳员工意见。

66. 作业指导书缺乏专业性的优化，比如缺乏动作优化等。

67. 作业指导书存在与其他文件相冲突的情况。

68. 作业指导书缺乏必要的图示化说明。

69. 作业指导书过于繁杂，不便于悬挂或放置于现场供员工阅读。

70. 文件管控存在疏忽，有使用旧版本的图纸或文件的状况。

71. 设计人员懒惰，在公差设定方面"一刀切"，提升了不必要的加工难度。

五、检验及客户服务问题

72. 首样检验等数据未及时记录，而后仅根据记忆填入数据。

73. 检测的设置过多地依赖于员工的主观性。

74. 抽检比例的设定不符合实际要求。

75. 缺乏如极限样品、不良示图等易于让员工做出判断的基准。

76. 测量数据存在人为作假的现象。

77. 现场的不合格品存在标识不到位的现象，导致需要再次测量才能明确其不良状况。

78. 不良数据未充分汇总，并未作必要分析。

79. 未针对重点不良进行进一步的分析与改善。

80. 出货检验文件等未根据客户反馈进行及时的更新。

81. 对客户的质量投诉，未优先使用"防错防呆法"进行改善。

82. 对客户投诉的回复存在敷衍现象，且纠正措施有不到位的现象。

83. 负责解决客户投诉的人员一人完成所有事项，未组成团队，未运用工具、按照步骤对问题进行深入的纠正与预防。

84. 对客户的紧急状况申请置之不理。

85. 出货检验文件未根据实际不良状况进行更新。

六、管理人员的问题

86. 对员工关心不够，导致员工缺少归属感。

87. 存在管理人员蛮横无理的状况。

88. 管理人员信息传递不到位，员工常得不到应得到的信息，比如加班安排、客户反馈等。

89. 过于依赖标语、口号等的激励作用，忽视日常管理的深入开展。

90. 管理人员缺乏现场意识，较少进入现场并发现问题。

91. 管理人员未理解改善的重要性。

92. 管理人员未掌握恰当的改善工具。

93. 管理人员经常打击下属的改善热情。

94. 管理人员缺乏对自己及部门工作的规划。

95. 管理人员在提升下属能力方面做得还不够。

96. 管理人员未明确对下属的工作要求。

97. 管理人员失于对员工实际工作的考察，导致华而不实的人获得赏识，务实工作的人却被冷落。

98. 管理人员不善于运用机制进行管理，更多的是使用零星的碎片式的要求或强调等方式。

99. 管理人员在管理时存在随意性，比如发现员工犯错便随意罚款，缺乏机制或规则的支撑。

100. 存在用人不当的情况，将不合格的人或懒散的人置于关键岗位，以至于打击员工士气，或使得某些工作难以推进。

101. 人员离职率过高。

102. 员工加班不做事，依赖于加班提升自己的收入。

103. 过于崇尚惩罚措施，缺少人性化管理。

104. 优秀人员缺乏升迁的通道。

七、流程及制度问题

105. 表格过多。

106. 无须再收集数据的表格依然在使用，浪费员工时间。

107. 员工工作强度不均衡，有人忙、有人闲。

108. 计件工资制度不合理导致员工对某些产品的生产不积极。

109. 制定流程性文件后，疏于对员工的宣导，以至于很多人不知道有这份文件的存在。

110. 缺少企业办公室环境管理制度，不利于整体 5S 管理氛围的形成。

111. 企业对表现不佳者采取过于包容的态度。

112. 会议存在明显的扯皮或踢皮球状况。

113. 会议上制定的措施无人跟进，落地乏力。

114. 企业执行力堪忧，不开会无法推动工作。

115. 部门隔阂严重，管理者只管扩充自己的地盘，忘记对企业目标的追求。

116. 企业在人事任命上过于随意，以至于员工缺乏稳定感。

117. 业绩考核与实际状况存在较大偏差。

118. 每年年底缺少对第二年工作的规划。

119. 缺乏有魄力的领导者来推进现状的改变。

120. 领导者因自身能力缺乏，害怕招有能力的人进入企业。

121. 领导者缺乏了解员工真实想法的渠道。

122. 领导者疏于对市场趋势的掌控，在即将淘汰的产品上投资过多。

第七章

CHAPTER 7

构建质量文化的 6 个方面

文化是一种共同的认知、契约、氛围以及意识。质量文化则指企业内形成了人人都重视质量，遵守质量要求，持续改进质量的认知、契约、氛围以及意识。

构建质量文化的好处在于：①文化引导着员工们的行为，大家乐于朝一个共同的目标努力；②因为自律以及具有良好的意识，所以可以大幅度地削减管理成本与不良成本；③质量文化有助于企业质量长期、稳定地发展。

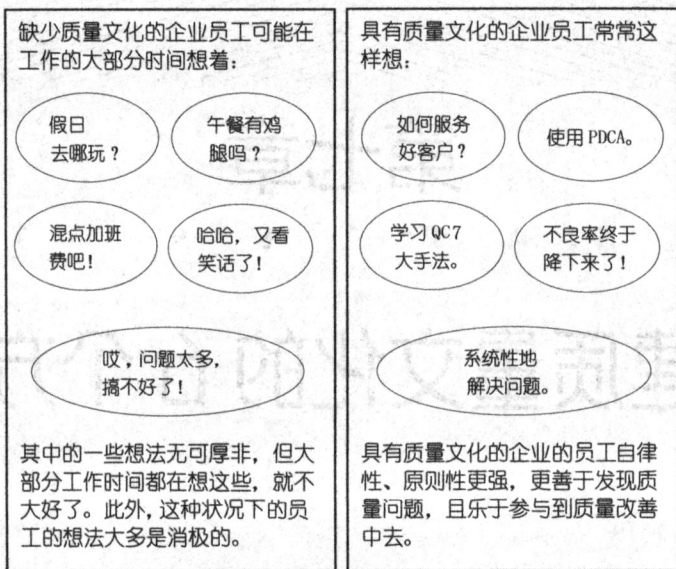

缺少质量文化的企业员工可能在工作的大部分时间想着：	具有质量文化的企业员工常常这样想：
假日去哪玩？ 午餐有鸡腿吗？ 混点加班费吧！ 哈哈，又看笑话了！ 哎，问题太多，搞不好了！	如何服务好客户？ 使用 PDCA。 学习 QC7 大手法。 不良率终于降下来了！ 系统性地解决问题。
其中的一些想法无可厚非，但大部分工作时间都在想这些，就不大好了。此外，这种状况下的员工的想法大多是消极的。	具有质量文化的企业的员工自律性、原则性更强，更善于发现质量问题，且乐于参与到质量改善中去。

构建质量文化的方法很多，如某企业大力推广鱼骨图的运用，形成了一种以鱼骨图运用为亮点的质量文化等。这里推荐实施的 6 个方面相对不会让企业大费周折，适用性较广，有的方面本就是必须要做的，因此，在这 6 个方面的综合作用下，企业的质量文化应该会有所起色。

构建质量文化的 6 个方面

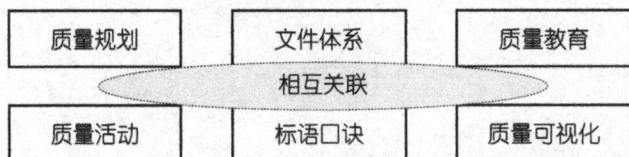

质量规划	文件体系	质量教育
	相互关联	
质量活动	标语口诀	质量可视化

一、质量规划

质量规划的目的是明确质量工作的方向及聚焦点。所谓聚焦点，是指今后一段时间内质量工作应聚焦在何处，如优化新产品的质量管理、提升员工的质量意识等，聚焦点将会形成今后工作的重点。

质量规划不仅要明确质量方针、质量目标，还应明确未来 1～3 年的工作路线。质量规划是全体人员的契约，后续质量工作将依照规划展开。

质量规划可由质量部门制定，由企业高层批准。

某日资企业的质量方针

为贯彻质量第一的原则，全员应实践以下活动。

①下一道工序就是我们的客户。每位员工必须追求保持品质、成本、安全，力求赢得客户的信赖。

②三现主义的实践。对于所有业务，均要亲自确认现场、现物、现实，依据事实基础展开行动。

③全员应协同合作。通过全员参与及协同合作，钻研并运用质量管理方法，以制造出一致好评的产品。

有些企业随便定个"假大空"的质量目标，仅仅为了满足 ISO 质量体系外审的要求，这种做法是不恰当的，因为目标是要落地实现的，目标能对工作起到指引作用。质量目标制定的参考因素有：①自身的设备工艺水平；②自身人员状况及管理水平；③同行业企业的质量水平；④客户的期望；⑤自身的发展规划。

目标不同，人的想法就会不同，行动也会随之改变。

某制造企业总经理说他出差从不坐头等舱，别人问他为什么，他说："难道头等舱比经济舱更快吗？"这位总经理的意思是，坐飞机也就一两个小时，头等舱也不比经济舱快，带头坐经济舱还能起到成本管控的表率作用。另一位咨询公司的总经理说他出差从来都是坐头等舱，别人问他为什么，他说："坐头等舱有机会接触到潜在的优质客户。"两位总经理的目标不同，想法与做法自然不同。

除了质量方针、目标，质量规划的另一项事务就是明确未来 1～3 年的工作路线，这种工作路线可以是图示的形式，也可以是表格的形式，主要用于明确应具体做些什么事情来达成目标。

为了增强工作路线的落地性，有以下 4 点需注意。

① 明确当前的问题，使得工作路线着力于问题的解决。

② 明确客户的需求、期望以及可能扩张市场的要求。

③ 明确相关资源以及具体的推进步骤。

④ 必要时，可设定里程碑以及考核标准。

里程碑指某个重大的标志性事件，或具有某种特定意义的典型事件，如通过某项产品认证、培养 3 名质量专家、举办质量月活动等都可以算作里程碑事件。

下方展示了一张质量规划示意图（空白）以供参考。

质量规划示意图（空白）

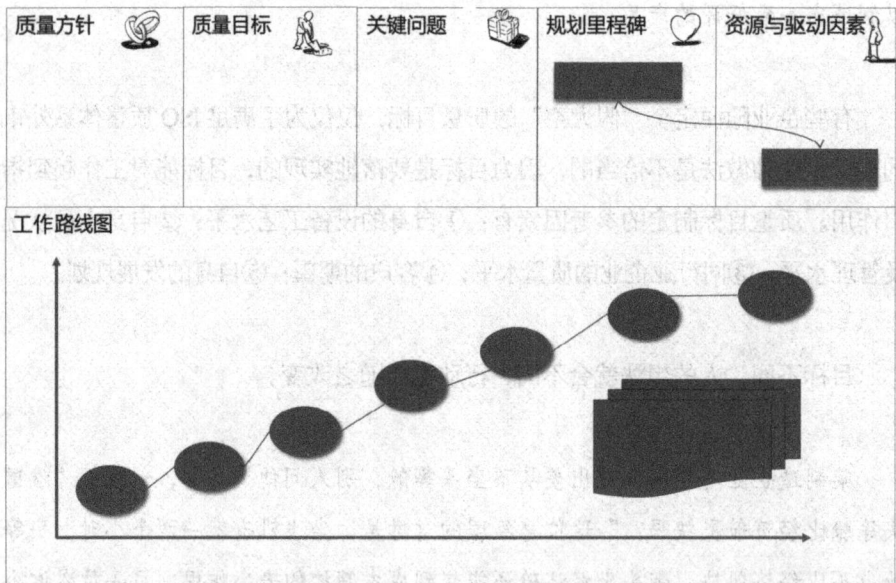

某企业年度质量工作计划（表格形式）如下表所示。

质量工作规划		
季度	工作事务	说明
第一季度	1. 年度供应商质量大会	① 来料状况小结反馈； ② 质量要求说明； ③ 优秀供应商发表演讲
	2. QC 小组活动启动	QC 小组确定选题、目标，组建团队，注册登记
	3. 开展全面质量管理培训	① 6 次轮训，覆盖到中层及以上人员； ② 每次两天，由外聘老师培训
第二季度	1. 编写员工质量培训教案	① 以 PPT、视频等方式发布教案； ② 主题包括 PDCA、QC7 大手法、检验方法等
	2. 迎接 ISO9000 质量体系外审	年度性审核
	3. QC 小组一期结案汇报	针对已经结案的改善项目
第三季度	1. 完成新产品的 UL 认证	产品安全性认证
	2. 开展质量月活动	9 月开展，与国家质量活动同步
	3. QC 小组二期结案汇报	原则上，所有 QC 小组项目应于第三季度完成
第四季度	1. 年度标准化评估	① 质量目标评估； ② 流程制度评估； ③ 作业指导书等的有效性评估
	2. 年度质量会议	① 总经理主持； ② 总结本年的质量工作； ③ 发布新一年的质量规划； ④ 颁奖

促进规划执行的 4 种常用方法：①定期举行例会，通过例会来了解各项工作进展，并进行督促；②通过质量月报的形式汇总工作进展并明确下一步工作；③对规划以及进展进行可视化展示，以起到激励作用；④必要时可适度调整规划，比如规划实施的先后顺序，或根据新问题增加相关内容，使规划更为合理。

明确而严谨的质量规划是构建质量文化的一个重要组成部分！

二、文件体系

企业中大多存在一个文件体系，一方面是为了满足企业内部的标准化工作的需求，另一方面是为了满足 ISO 质量体系的硬性要求。对不少企业而言，文件价值体现在前一方面的需求较少，体现在后一方面的需求较多。也有为数不少的企业，其文件体系的建立就是为了应付审核，为此还得有人维护这些文件，特别是这些文件所规定的记录表等，因此，企业内部人员会认为，这些文件体系就是累赘、负担。

现实是，大多数企业的文件体系都经不起推敲，它们或臃肿、或闲置、或错误、或矛盾。

既然文件体系本就已经存在，何不更好地发挥其作用，以提升企业的管理水平呢？这就是将文件体系作为构建质量文化的一个方面的原因。

通常文件体系分为 3 阶：第一阶为手册，如质量手册；第二阶为流程类文件，也称为程序文件；第三阶为作业指导书、记录类文件。文件体系金字塔如右图所示。

企业发展的历史越久，规模越大，文件体系也变得越来越臃肿，随之会滋生出"大企业病"。"大企业病"有 7 个特征：①没有明确的工作目的；②没有明确的责任人；③只为开会，不采取措施或制定任务；④画地为牢，不敢冒险；⑤始终向上司看齐；⑥等级越来越严格；⑦常以流程为借口。

某企业防止文件体系臃肿化的做法：①推出 1 份新文件，必须消除 1 份旧文件；②每个部门梳理出最重要的 3 张表格，并用好这 3 张表格；③每年至少开展 1 次文件有效性的评估工作。

案例解析：鱼香肉丝的制作流程

某饭店董事长学习了标准化管理之后，打算在自己的饭店尝试建立"鱼香肉丝的制作流程"，该流程分为 20 道工序：第一人切葱花，第二个人切肉丝……第十九个人把火开到 600 摄氏度，第二十个人倒 2 勺酱油，每个环节严谨一致，由量到质都有严格的要求。请问你如何看待这家饭店的流程规定？

对于任何一个流程规定，都要问两个问题：①它是否增值？②它是否符合企业的实际情况？

这个流程肯定对大多数饭店都不适合，一是因为用工太多会增加成本，二是因为饭店厨房没有这么大的空间可以供这么多人同时作业。上述流程唯一可能适合的场景是，中央厨房要为各连锁店、快餐店递送标准化的菜肴，量大使得细致分工存在提升效率的可能。但即便如此，也无须像案例中那样描述得"过于细致"。

文件是标准化的载体，是管理优化的体现。文件一定要增值，同时切合企业的具体状况。小企业借鉴其他企业的做法时，也要注意到自身企业的具体状况。

石川馨提到过，从人性的角度，人们乐于遵守自己制定的标准。也就是说，各种文件规定的制度，都需要让当事人适度参与进来，听取他们的意见，并进行一定的调整，以提升执行效率。

为了更好地发挥文件的价值，对颁布的文件还需要进行一定的宣传，否则很多人还是会按老方式做事，因为他根本不知道有这份文件的存在。

好的文件体系简洁明了、层次清晰、要求精准，既使管理更具章法，也使质量处于有效管控之中，塑造了务实文化，如定海神针一样稳定企业的运作。

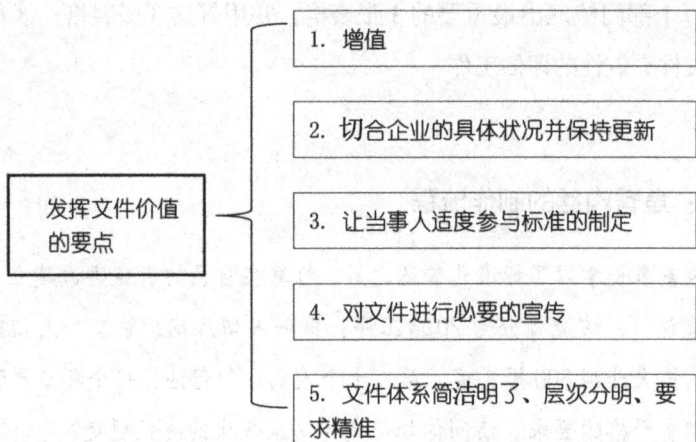

	1. 增值
	2. 切合企业的具体状况并保持更新
发挥文件价值的要点	3. 让当事人适度参与标准的制定
	4. 对文件进行必要的宣传
	5. 文件体系简洁明了、层次分明、要求精准

三、质量教育

品质，始于教育，而终于教育。

教育能使员工掌握技能，提升员工的意识，使员工更好地开展工作。员工在工作中的领悟、获得的经验，也能再次转变为素材对他人进行教育。

"种下思想，收获行动；种下行动，收获习惯。"质量教育给人们种下思想的种子，是构建质量文化和提升员工意识的最直接的方法之一。

质量教育从大的方面讲有以下 3 种方式。

①领导者以身作则。

领导者需切记，自己不能做规则的破坏者。举个例子，产品出货很急，领导说一句："不管它了，先出货再说。"这样的行为会给员工带来非常大的负面影响。

联想公司有一条规定，开会时谁迟到了站门口罚站 1 分钟，罚站完成后，会议继续进行。一次，柳传志在开会前在洗手间遇到久未见面的以前的一位领导，领导拉着他聊了会儿天。到会议室时，他已经迟到了，怎么办？作为企业的元老及创始人，柳传志自觉地在门口罚站了 1 分钟。领导者的这种做法，强化了规则的严肃性，对其他人员起到了很好的示范教育作用。

② 利用可视化系统。

可视化也称作"走动管理"，即员工在走动过程中，只要睁开眼看，管理信息就会以文字、图片或视频的形式呈现出来，以对员工进行警示、提示、教育，并给员工带来温馨的感觉。将这些信息运用于工作中，久而久之，员工的知识、技能、素养会得到一定的提升。因此，可视化看板又被称为"信息辐射墙"。可视化管理是一种成本极低的管理方式。

③ 对员工进行直接培训。

在培训方面，值得参考的做法有：a. 编制自身的培训教材，接地气，员工有亲切感，实用性强；b. 对员工的培训要有规划，如不同层级不同岗位的人员应该具备怎样的技能，据此制定培训规划；c. 借助新媒体的力量，比如视频教学、网络课程等。

规范而系统的培训，有助于员工的成长，提升员工的意识、技能及知识，同时，也有利于酝酿出企业的学习文化。员工所学的方法和工具，常在质量改善中发挥直接而明显的作用。

四、质量活动

开展多姿多彩的质量活动，能引起员工的兴趣，提升员工的参与度，进一步促进质量氛围的形成。最典型的塑造氛围的质量活动是质量周或质量月活动。

共读一本书活动

一次，我给一家企业培训质量管理课程，该企业拥有自己的一幢培训中心大楼。进入培训中心，看到前台女士在读一本质量管理的书籍，我很好奇，就问她为什么读这本书。这位女士回答，这个月是公司的质量月，公司要求所有员工共读一本书，她补充说道："公司要求我们读这本书，然后每个人要写一份读书心得。"说完，她就继续看书了。后来我了解到，"共读一本书"活动他们已经开展好几年了。

质量活动通常包括以下内容。

①QC 小组活动。

②质量沙龙。

③质量演讲。

④质量竞赛。

⑤质量考试。

⑥到其他企业进行学习交流等。

质量沙龙

一家企业推进质量变革活动，强化和细化了很多要求，员工很不理解，觉得工作已经很辛苦了，还搞什么"质量变革"，纯属没事找事，但都把话藏在心里，行为上十分消极。于是变革推进者组织了一次质量沙龙，并准备了一些小礼品。员工在质量沙龙轻松的氛围中纷纷敞开了心扉，说出了自己的顾虑。推进人员一一进行了解释，最终化解了员工的顾虑。质量沙龙过后，员工们开始积极参与到质量变革活动中来。

"相互找问题"活动

某企业在质量月活动中组织了一个"相互找问题"活动。质量会议后，员工组成不同小组到特定区域找问题，1 个小时后回到会议室，发表自己小组找到的问题。组织者根据每个小组发现问题的数量以及质量进行点评。

而后，特定区域的管理人员需在发现的问题中至少挑出 3 条进行改善。"相互找问题"活动提升了人员发现问题的意识，并促进了区域管理人员进行针对性的改善。

企业举办质量周或质量月活动，既要调动氛围，也要避免"大搞形式主义"，只有持续地改进才能取得良好的效果。因此质量周或质量月中的某些工作需要持续跟进。

五、标语口诀

标语常具有哲理性，将标语张贴出来能起到可视化与激励员工的效果。当员工高声朗读并认可这些标语时，标语的内容就演变为"一种承诺"。

"下一道工序就是客户！"表达的是"我一定要将下一道工序当作客户去对待！"

"不接收不合格品，不制造不合格品，不传递不合格品！"表达的是"我一定遵守三不政策！"

某企业车间立柱上的质量标语

全员参与 构建体系	产品检验 依据标准	互检自检 件件保险	确保质量 客户至上

某企业车间立柱上的质量标语（续）

管理之道 重在育人	天下大事 必作于细	不忘初心 持续改进	治之已精 益求其精

标语不仅能激励员工，还能给来访的客户留下好感。
这些立柱上的质量管理类标语是企业质量文化的一部分。

20 条质量标语（名言）	
标语（名言）	出处
① 没有质量，就没有尊严	业界常用
② 没有标准，就没有质量	引申而得
③ 产品在手中，质量在心中	作者曾工作过的企业的标语
④ 品质，始于教育，而终于教育	石川馨
⑤ 用望远镜看创新，用显微镜看品质	雷军
⑥ 没有质量做支撑，营销就是行骗	董明珠
⑦ 作业标准，首先确保了品质，进而提升了效率	丰田公司
⑧ 创新决定我们能飞多高，品质决定我们能走多远	雷军
⑨ 标准代表着最安全、最简单、最优化的作业方式	业界共同认知
⑩ 质量关乎两个生命，一个是消费者的生命，一个是企业的生命	董明珠
⑪ 努力在第一次就将事情做对	业界常用
⑫ 下一道工序就是客户	石川馨
⑬ 事前预防远胜于事后纠正	业界共同认知
⑭ 质量的要点在于管理者与系统	戴明
⑮ 不接收不合格品，不制造不合格品，不传递不合格品	业界常用
⑯ 改善内涵，一持续改进，二低成本进行，三全员参与	今井正明
⑰ 如果知道了问题点及原因，那么问题就解决了一半	石川馨
⑱ 质量管理的 3 个原则：底线原则、早鸟原则、稳定原则	张坚
⑲ 标准化是你现在能想到的最佳境界，是促进未来改善的必要基础	福特（福特汽车创始人）
⑳ 因为价格离去的客户还有可能回来，因为质量离去的客户永远不会回头	业界常用

这 20 条标语最初发表于我的公众号。相对而言，这些标语内涵深刻，或具有新意，或传播已久。上表中的"不接收不合格品，不制造不合格品，不传递不合格品"理解成"在员工能控制的范围内，不接收不合格品，不制造不合格品，不传递不合格品"比较好，因为有些不合格品是受工艺限制的，员工不能进行控制。

好的标语言简意赅，逻辑性强，给人启迪。

某企业墙上挂着一幅标语："结果第一，过程第二；只看结果，不看过程！"前半句是对的，表达了结果导向；后半句则不符合逻辑，结果是过程的产物，管理中如果"不看过程"，是会出问题的。

口诀是精髓的提炼，或带点韵律，或有序表达，朗朗上口，直达人心。比如我们小时候记住的"大头大头，下雨不愁，人家有伞，我有大头"，历经数年，依然记忆犹新。

口诀一般具有通俗易懂的特点，给基层人员带来的影响显著。

质量口诀举例1

4 大戒律

① 戒数据造假。

② 戒隐瞒不报。

③ 戒不按标准。

④ 戒不传信息。

质量口诀举例2

5 个及时

① 及时反馈来料质量问题。

② 及时推动产线问题的解决。

③ 及时督促各类报表的填写。

④ 及时传递客户抱怨及变更信息。

⑤ 及时对员工进行工作教导。

质量口诀举例3

8项防范

① 防范安全问题。

② 防范质量事故。

③ 防范客户标准不明。

④ 防范将检测当质量管理。

⑤ 防范部门对立。

⑥ 防范游兵散勇（员工高流失率）。

⑦ 防范能文不能武（文件缺乏操作性）。

⑧ 防范弄虚作假。

4大戒律释义如下。

4大戒律中的"戒隐瞒不报""戒不按标准""戒不传信息"常用于对班组工作的要求。

①戒数据造假。

数据是分析质量、做出决策的依据。数据造假意味着欺骗自己、欺骗组织、欺骗客户。奥克斯因数据造假，被董明珠痛斥"欺骗消费者、扰乱市场秩序"；大众汽车因尾气数据造假，差一点毁了德国工业4.0的国家战略；日本某钢铁厂因数据造假，使日本工业界形象大受影响。

质量事故的第一来源就是弄虚作假。西安某电缆厂接下地铁的电缆供应订单，但在其中弄虚作假，以次充好，被媒体曝光后，工厂老板跪在地上请求社会大众的原谅。此后，这家企业在市场中几乎再无立足之地。

数据造假有几种情况，一是客户要来检查前，员工匆忙地把记录补上，并粉饰到客户看不出来，可谓"煞费苦心"；二是有些检验本就没做，员工只能填一些假数据；三是未及时填写数据，员工只能凭着模糊的记忆填上一些数据。

杜绝数据造假，就要确保这些数据能派上用场，数据收集而不用，是滋生数据造假的温床。另外，数据表格应尽量精练，员工每天花在填写报表上的时间不能超过半小时。

②戒隐瞒不报。

现场出问题了，藏着；品质出问题了，掖着。藏着掖着，看似一片太平，实则波涛汹涌。

对问题抱着藏着掖着的想法，会让小问题变成大问题，大问题变成难以消除的"顽疾"。

班组是企业察觉问题的神经末梢，所以，班组质量管理中有一条戒律就是"戒隐瞒不报"。

③戒不按标准。

聪明的班组长按标准做事。按标准做事，工作也会变得相对轻松。按标准做事可以归纳成几个步骤：a. 准备好标准；b. 用标准训练好员工；c. 督促员工按标准作业；d. 通过改进标准来改进现状；e. 塑造良好的工作氛围。

我们常说"班组虽小，五脏俱全"，各类事务层出不穷。班组长忙的时候会一天忙到晚，却没有什么工作成效。问题在哪？其没有抓住主要经脉。主要经脉是什么？就是标准。

④戒不传信息。

好的班组长在工作沟通上如桥梁一般，起到上传下达的作用。员工的想法、建议需要适度传达给领导，同样，领导的指示、客户的投诉、工程的变更、会议的决议等跟现场作业有关的，也要及时传递给员工。否则，员工只会按照老方式作业而忽略了应该注意的要点，产品极易出现问题。

上述 3 个我创作的质量口诀例子，常用于我的质量培训课程中。在课堂上，我一般让学员采用朗读及探讨演练的方式来对这部分内容进行学习。

一次我辅导一家制药企业，该企业的生产工艺复杂，工艺规范为厚厚的一叠纸，我建议该企业将每个工位的作业以及工艺要点梳理出来，做成一个简易化的作业指导文件，方便员工参考。当我再次来到这家企业时，发现他们将每个工位的作业工艺要点编制成了口诀。一问得知，这些口诀完全是由工位上的员工自己编制出来的，让人由衷地敬佩。

从我的课堂上的演练可知，管理人员以及员工有足够的能力编制标语以及口诀。试想一下，将 IQC（来料检验）、IPQC（过程检验）、OQC（出货检验）等检验岗位的工作要求编制成口诀，定会大大促进这些岗位的执行效率。

标语口诀常常为企业营造了浅显而明确的正向的质量文化。

六、质量可视化

质量可视化是指将质量信息以图片、表格、文字等形式展示出来，从而达成"传递信息、培育文化、体现美感"的目的。

可视化常潜移默化地对员工产生影响，能提升员工的意识与技能，因此是一种成本极低的管理方式。

人们常说，百闻不如一见，耳听为虚、眼见为实，眼睛看到的内容相较于耳朵听到的更具有说服力。我们可以运用 3V 法则来了解可视化（视觉）的重要性，如下图所示。

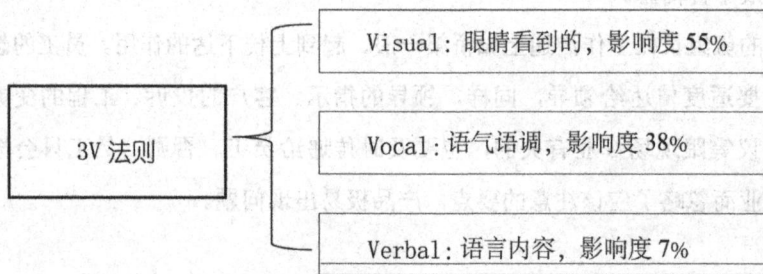

```
                      ┌─────────────────────────────────────┐
                      │ Visual：眼睛看到的，影响度 55%        │
                      └─────────────────────────────────────┘
┌──────────┐          ┌─────────────────────────────────────┐
│  3V 法则  │──────────│ Vocal：语气语调，影响度 38%           │
└──────────┘          └─────────────────────────────────────┘
                      ┌─────────────────────────────────────┐
                      │ Verbal：语言内容，影响度 7%           │
                      └─────────────────────────────────────┘
```

注：3V 法则由美国梅拉宾博士提出。

质量可视化主要包括以下内容。

① 质量规划可视化：将质量规划可视化地展示出来。

② 质量活动信息可视化：将质量活动说明、参赛奖励说明、参赛规则说明、员工获奖感言等可视化地展示出来。

③ 质量知识宣讲可视化：将 ISO 知识、PDCA、4M1E、质量故事、质量管理学家介绍等可视化地展示出来。

④ 质量现状展示可视化：将客户反馈、不良率图、来料质量报表、鱼骨图等可视化地展示出来。

⑤ 其他质量信息展示可视化：将标语、宣传画、极限样品看板等可视化地展示出来。

某车间内的一块质量看板模板

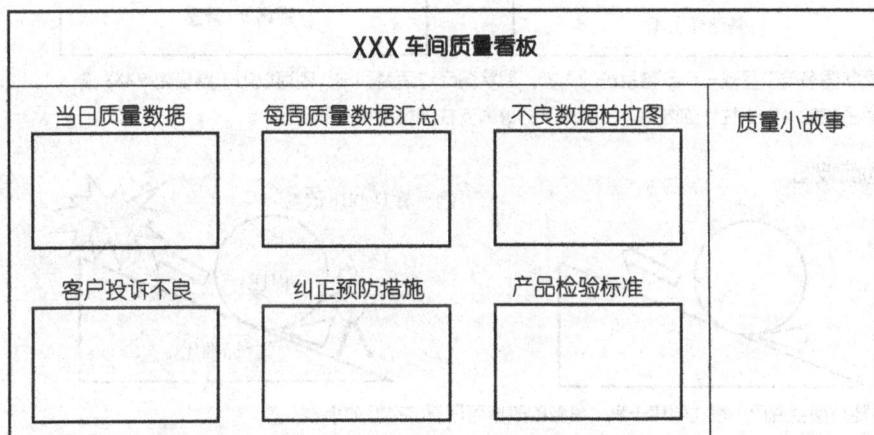

看板大致可分为 3 类。一类属于"及时插入式"看板，也就是对应的数据信息需要每日、每周或每月更新，上图所示的看板模板就属于这个类型。第二类属于"印制成型式"看板，多用于宣导文化知识，无须频繁更新；第三类兼容了第一、二类的特点，看板总体印制成型，一部分内容用于宣导文化知识，另一部分内容需要"及时插入"。

文化知识宣导类信息宜多用图形呈现，除了柏拉图、鱼骨图外，还有 4 种常用的可视化看板图。这些可视化看板图可以使内容的结构更完整，条理更清晰。

常用的可视化看板图

①框状图。

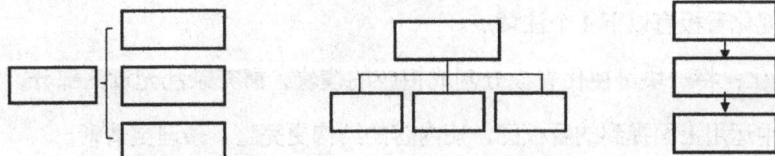

框状图的主要用途：a. 进行要点说明或结构分解；b. 构建组织架构，如改善小组的组成；c. 制作流程图。

②屋状图。

例：精益屋

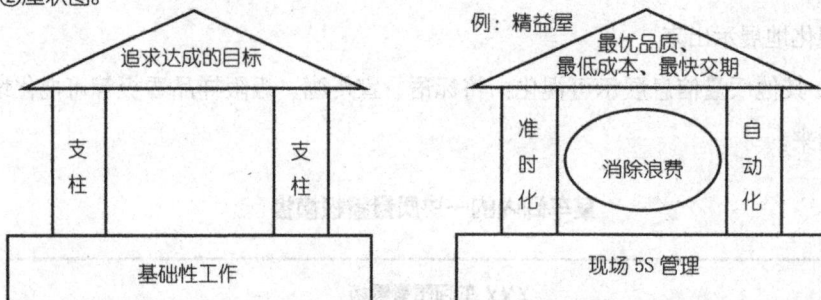

屋状图多用于呈现一个改善系统的内容。屋状图经过适度引申，则可以用于展现如"XXX改善系统的 X 大支柱"的内容，质量体系的 8 大支柱图就是用的屋状图。

③陡坡图。

例：着力 4M1E 改善

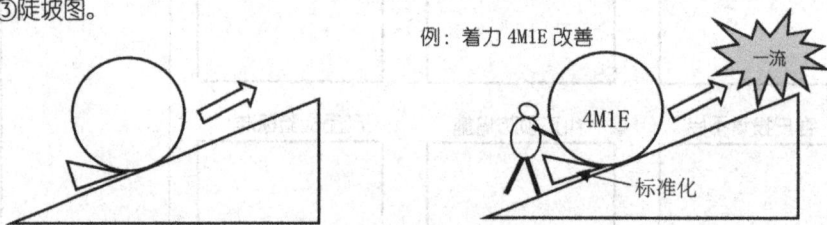

陡坡图主要用于表达聚焦于某一事务的改善可取得的良好效果。

④灯塔图

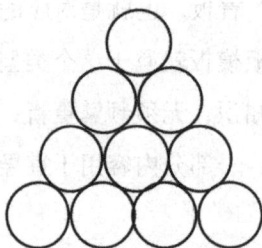

例：以灯塔图梳理的品质管理要点

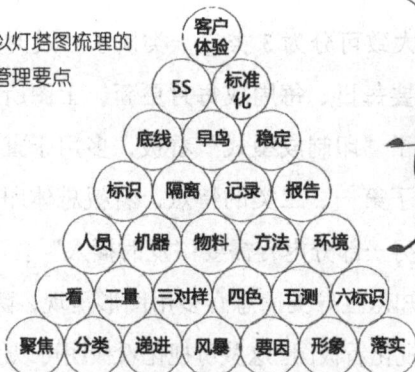

灯塔图是一层一层按顺序排列的知识体系图。比如上面的例图展现了 1 大追求、2 个基础、3 个原则、4 项管控、5 大要素、6 项检验、7 个要点，便于员工掌握与记忆。

设计可视化看板有以下 4 个注意点。

① 模块化：将一块可视化看板分割成相应的模块，摒弃杂乱无章的部分，在各个模块中运用上面提到的看板图，使内容的结构更完整、条理更清晰。

② 色彩化：色彩能给人美感，可为某些内容添加色彩。

③ 对比化：主标题、副标题和正文的文字大小应有相应的对比，需要突出的内容与常规的内容应有对比，同时，对比化需避免比例失调的状况发生，也就是避免有的文字过小，员工根本无法看清楚。

④ 口诀化：即前面提到的将部分内容以口诀形式呈现，内容会更精练、更具有感染力。

质量可视化是企业可视化的一部分，从企业角度而言，可进行可视化展示的内容有很多，如企业愿景、价值观、部门工作目标、5S 管理知识等。企业可视化是一个整体，需要从全局进行衡量，总体需要遵守下表所示的 5 个原则。

企业可视化的 5 个原则	
统一	整体规划，风格一致
简约	摒弃繁复，简约呈现
鲜明	色彩鲜明，观点鲜明
实用	精心编制，内容实用
严谨	用心斟酌，及时更新

质量可视化以员工容易接受的形式将质量信息传播出去，因此具有浅显、潜在、明确的价值。

质量文化包含 6 个方面的内容：质量规划、文件体系、质量教育、质量活动、标语口诀、质量可视化。这 6 个方面相对简单、易于操作，将其展开不仅有利于塑造质量文化，而且易于使质量文化落地，使企业中的每个人都感受到质量文化的影响力。

质量文化的 6 个方面的要点及意义

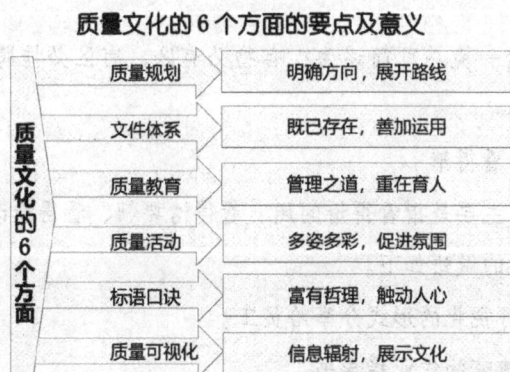

质量文化的 6 个方面	
质量规划	明确方向，展开路线
文件体系	既已存在，善加运用
质量教育	管理之道，重在育人
质量活动	多姿多彩，促进氛围
标语口诀	富有哲理，触动人心
质量可视化	信息辐射，展示文化

针对"质量规划"，企业需自问：做质量规划了吗?

针对"文件体系"，企业需自问：是否发挥了文件体系的价值?

针对"质量教育"，企业需自问：开展了哪些质量教育活动?

针对"质量活动"，企业需自问：开展了哪些质量活动? 有没有持续推进?

针对"标语口诀"，企业需自问：标语口诀是否打动人心?

针对"质量可视化"，企业需自问：可视化看板让人"一见钟情"了吗?

任正非先生说过这样一句话："资源是会枯竭的，唯有文化生生不息。"这说明了文化具有强大的凝聚力与生命力。

延伸阅读：可视化管理的 3 重境界

1. 第一境界：看得见

所谓"看得见"，就是现场有相应的标识，员工可以看得到这些标识。

达到这一境界的做法如下。

① 划分并标识区域。

② 分类物品并进行位置固定管理。

③ 产品及设备状态标明清楚，如产品是合格品、不合格品还是待确定，设备是正常状态还是检修状态。

④ 现场的物料、工装、检具、设备等的数量、位置等应登记在册，并具有一致性。

"看得见"这一境界可简述为：有物必有区，有区必挂牌；有牌必分类，有账必一致。

2. 第二境界：看得清

"看得清"，主要是指看得清问题、看得清要领、看得清改善。

达到这一境界的做法如下。

① 将信息以可视化的形式分享给员工。

② 制作图示清晰的作业指导书。

③ 将问题暴露出来。

④ 将改善过程及成果展现出来。

"看得清"这一境界可简述为：问题显现化，资讯共有化，要求精准化，改善明晰化。

3. 第三境界：看得爽

运用色彩、图表及夸张等手法，使员工热爱上工作的环境。

达到这一境界的做法如下。

① 采用符合人性的做法，体现出对员工的关爱。

② 故事、口诀、色彩的运用。

③ 改善展示方式的激发员工的荣誉感与参与感。

④ 确保内容及时更新。

"看得爽"这一境界可简述为：一见钟情（员工喜欢阅读可视化内容，被可视化内容及形式所吸引），一目了然（现场呈现一目了然的状态），一步惊心（对于危险或不当行为的警示，使员工不敢越雷池一步），一触即发（改善过程及改善成果的展示，使员工跃跃欲试，乐于参与改善）。

可视化在区域识别、暴露问题、传递信息的同时，能表达出对员工工作的肯定与激励！

第八章

CHAPTER 8

PDCA 及质量体系

无论是日常工作、改善工作还是其他工作，其推进时所使用的基本方法都是 PDCA。PDCA 是推进建立质量体系的第一要点。

一、PDCA 的运用

1. 什么是 PDCA

PDCA 理念由戴明带入日本，进而传播到全世界，因此 PDCA 又被称为戴明环。事实上，戴明在他的书中明确提及，PDCA 的最早提出者为贝尔实验室的休哈特博士。

PDCA 中的 P 是 Plan，表示计划或规划；D 是 Do，表示执行；C 是 Check，表示检查；A 是 Action，表示行动或措施。

PDCA 是指系统内任何一项工作都应该有所规划（Plan）或者包含在规划之中，按照规划执行（Do），对执行工作进行检查（Check），并采取进一步的行动或措施（Action），以促进工作的完美完成。PDCA 在促进一项系统性工作的完成方面具有特别而重要的价值。

企业通过一个个 PDCA 实现管理水平的提升

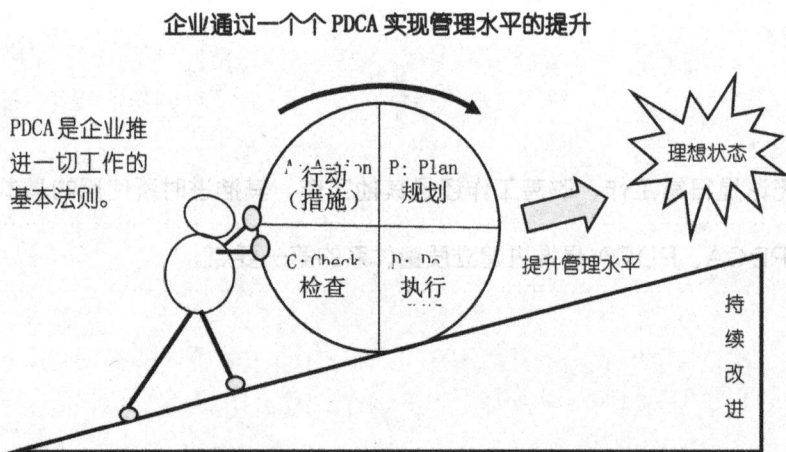

沒有 PDCA，就沒有质量体系。从质量体系的角度来讲，沒有规划，就不存在质量体系；沒有执行，质量体系就是空的；沒有检查，就无法及时发现质量体系存在的问题；沒有行动（措施），质量体系的缺陷就无法弥补，就无法进行持续改进。

正因如此，ISO 质量体系明确规定企业需要用 PDCA 方法推进质量体系的各项工作，这包括对质量体系进行规划、执行规划，通过管理评审、内审等手段检查质量体系的有效性，在检查的基础上，采取行动以完善质量体系。

2. 运用 PDCA 的两个注意点

PDCA 在推进系统性工作的完成方面具有独特的价值，为了促进质量体系的落地及持续改进，要运用 PDCA 推进工作完成，在运用时有以下两个注意点。

① 大环套小环。

从质量体系的角度运用 PDCA，就是大环，为促进质量体系的落地及执行，就应该将大环中的规划工作分解到各职能部门，包含各职能部门的目标以及具体事务，这就形成大环套小环的状态。当然考虑到某些事务的复杂性，工作会进一步被细化分解，这就形成了大环套小环、环环相扣的情况，这些环便构成了质量体系。

PDCA：大环套小环

大环套小环、环环相扣，确保在一个质量体系内工作，同时确保质量体系落地。

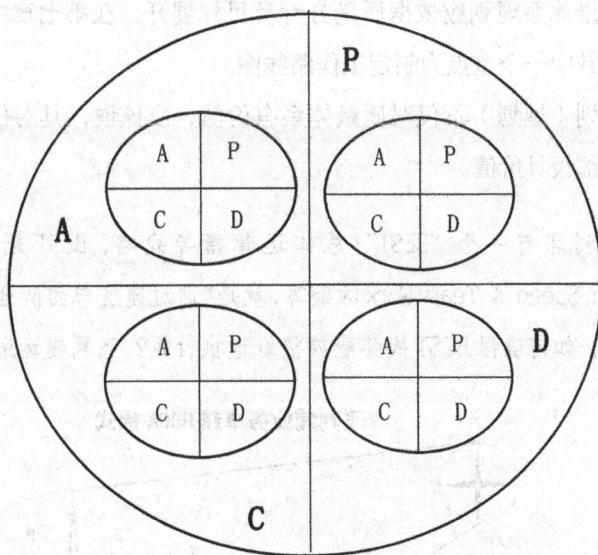

② 阶梯式进步。

企业一直处于竞争之中，为了赢得竞争优势，当通过 PDCA 上了一个台阶后，不能就此不前，而需要不断提升。如某企业制定年度质量规划，年底完成后，还需要制定新的目标、新的年度质量规划，以实现阶梯式进步。

阶梯式进步是为了持续改进，或者说是持续改进的体现。

PDCA：阶梯式进步

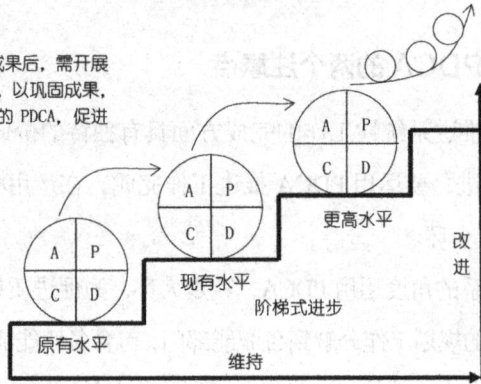

每个 PDCA 取得成果后，需开展必要的维持工作，以巩固成果，进而继续推进新的 PDCA，促进持续改进。

3. PDCA 的 4 个环节

① P（Plan）：规划环节。

质量体系规划应依据质量方针及目标展开，在第七章中，我们讲到了质量规划，其中一个重点为制定工作路线图。

计划（规划）不仅对质量体系有价值，应该说，其对任何一个体系或项目的推进都极具价值。

飞利浦有一个"BEST"总体运营指导战略，BEST 是 Business Excellence through Speed & Team Work 的缩写，就是"通过速度与团队合作达成卓越的业务"的意思，如何确保 BEST 战略能够很好地执行呢？飞利浦运用的就是 PDCA 模式。

飞利浦业务卓越 PDCA 模式

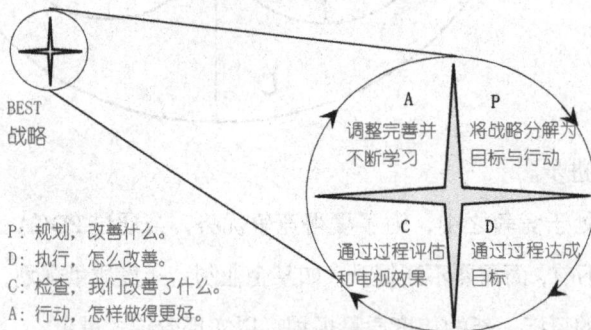

P：规划，改善什么。
D：执行，怎么改善。
C：检查，我们改善了什么。
A：行动，怎样做得更好。

对一个体系或项目而言，制定规划有如下好处。

a. 保持目标清晰，并且具有一定的激励作用。

规划围绕方针或目标展开，有助于促进目标达成。而达成目标后的愿景无疑可以激励团队成员，从而可以催生如不良率大幅下降、产品通过某项认证等积极结果。

b. 提前对过程进行预估。

这种预估是指在一定程度上提前了解难点所在，并做好相应准备，确定所需资源以及工作重点，从而进行合理的安排。

c. 有助于集中资源并聚焦于特定事务。

资源毕竟有限，当资源集中并聚焦于特定事务时，企业的工作重心将变得清晰，这些工作也容易获得成功。

意大利人卡拉佩罗蒂是一位职业探险家，是最早穿越新疆塔克拉玛干大沙漠的女性。为此她足足做了两年准备，出发前，她还花了两周时间在塔克拉玛干考察，了解当地的气候与环境，对可能遇到的所有困难都进行了预估，以确保万无一失。1998 年，53 岁的卡拉佩罗蒂身背 20 多千克的背包，独自徒步 600 多千米，完成了穿越塔克拉玛干大沙漠的壮举。美国人霍诺德无保护徒手攀岩的过程被拍成了纪录片，从纪录片中我们了解到，由于做了大量细致的准备及规划工作，霍诺德最后成功登上了酋长岩的山顶。

充分准备及细致规划使得这些探险家们完成了在常人眼里不可能完成的任务。

②D（Do）：执行环节。

促进执行的方法有以下几种。

a. 大环套小环。将大的目标及任务分解成小的以及阶段性的目标及任务，便于执行、落实职责和考核绩效。

b. 定期召开例会。即通过定期召开例会的方式梳理工作进展，总结工作情况，对下一步的工作进行安排。

c. 将执行过程展示出来，可以鼓舞团队士气。

d. 向员工解释"执行"某项工作的意义。

有3个石匠在干活，有人问他们在干什么。第一个石匠回答："我在砌墙呀！"第二个石匠回答："干活挣钱呀！"第三个石匠回答："这里将修建一座非常漂亮的教堂，我很荣幸参与其中！"第三个石匠因为了解他工作的意义，所以意愿性强，对工作充满了自豪。这样的状况无疑有助于"工作的执行"。

注：此故事源于德鲁克《卓有成效的管理者》一书，本书已重新编写。

③ C（Check）：检查环节。

一位工程师设计了一套车间物流的改善方案交给车间执行。由于忙着别的事情，过了两天，他到车间去观看，才发现方案执行得完全不对。正是由于检查及时发现问题，车间也得以正确地实施新物流方案。

检查时通常会将目前的情况与当初设定的方案或基准进行对比，所以检查各项工作的执行情况时，经常需要问："这有助于实现我们的目标吗？""这是否存在其他的隐患？"必要时，在检查中发现的问题需上报给领导进行定夺。

为了促进检查工作的开展，通常会使用检查表或跟进表进行检查。

a. 依据基准的检查表。

客户或ISO体系的外审人员在现场审核时，都会依据一张检查表进行检查，上面有很多细则，并且每一项都有具体的打分基准，依据这张检查表就可以检查出当前存在的问题以及得分状况。

b. 依据任务的跟进表。

跟进表可依据分配给不同员工的任务对工作进行跟进，通常一次会议后，应制定一张跟进表。跟进表如下表所示。

任务跟进表示例			
任务	责任人	计划完成时间	实际完成时间
……	朱 XX	2 月 19 日	
……	孙 XX	2 月 19 日	
……	唐 X	2 月 26 日	
……	沙 X	2 月 26 日	
……	金 XX	3 月 1 日	
……	牛 XX	3 月 1 日	

④A（Action）：行动环节。

行动环节主要的工作有以下几项。

a. 适度调整。

针对实际执行与检查情况适度调整目标或方案。

b. 采取进一步的行动或措施。

对问题点或工作不到位之处采取进一步的措施。质量体系中，针对管理评审或内审发现的问题，采取纠正措施，如发现管控环节有薄弱点，或员工没有及时标识不合格品时，要采取进一步的措施。

c. 标准化及分享。

将改进成果标准化并将改进经验分享给同事，进行讨论与总结。

d. 进入下一个 PDCA。

针对较大的问题，可开始下一个 PDCA。或者，依据持续改进的原则，发现新的改进机会，进入下一个 PDCA。

PDCA 歌

计划当头要做好，按部就班有聚焦。

分工协作向前冲，推进事务不落空。

检查工作防漏洞，调整解决更合理。

采取措施标准化，成果固化不落下。

工作出色做到位，4 大环节来保卫；

大环套着小环走，方向一致易成功！

一环一环步步高，追求目标冲云霄；

ＰＤＣＡ顶呱呱，质量体系依赖它！

管理人员与基层人员在运用 PDCA 推进工作完成时的侧重点有所不同。对于规划，管理人员侧重于制定规划，基层人员侧重于执行规划；对于执行，管理人员辅导基层人员进行执行，基层人员要有力执行；对于检查，管理人员及时检查，基层人员在接受检查的同时不忘反馈；对于行动，管理人员侧重于跟进措施及开展标准化工作，而基层人员侧重于确保措施落实到位以及对标准化工作提出自己的意见。

案例：班组长每日工作的 PDCA

Action: 解决问题；及时汇报无法解决的问题；向上司汇报工作进展；鼓舞员工士气；记录下自己的心得。（进行必要的沟通与总结）	Plan: 提前10分钟到达岗位，确认当天的生产任务。（生产计划由管理人员制定）
Check: 检查生产进度、物料设备状况、生产质量有无异常。（及时发现问题）	Do: 领取生产物料；放置作业指导书；开展早会；启动生产工作。（执行有力）

PDCA 几乎适用于所有工作的推进；班组长作为一线管理人员，其每日工作的重点在于确保执行，及时检查并及时发现问题，推进问题的解决，确保生产顺利进行，与上下级保持必要的沟通。

4. 企业如何更好地运用 PDCA

PDCA 在推进系统性工作或推进战略、推进具有一定挑战性的项目以及解决问题等方面都具有显著的价值。

PDCA 与 DMAIC 及解决问题 8 个步骤的对应关系		
PDCA	DMAIC	8 个步骤
Plan: 规划	定义	①认识问题
	测量	②把握现状
		③设定目标
	分析	④真因调查
		⑤拟定对策
Do: 执行	改善	⑥实施对策
Check: 检查	控制	⑦确认效果
Action: 行动		⑧横向展开

注：DMAIC，即 6Sigma 改善方法论推进改善的 5 个步骤，D 表示定义，M 表示测量，

A 表示分析，I 表示改进，C 表示控制。

企业总是运营在体系或战略之下，对于大环套小环中的子系统或分解任务都应该运用 PDCA 来确保其执行效率，这样看来，企业的大小事务都在 PDCA 的驱动下运作。

那么企业如何更好运用 PDCA 来推进工作呢？我有以下 4 点建议。

①目标分解及任务分配。

对大的目标进行分解，将细分任务分配给相关部门或员工，促进任务的执行。

②使员工掌握 PDCA 的使用方法。

通过培训，员工能够认识到 PDCA 的重要性以及每个环节推进的要点。

③以 PDCA 对接工作。

如企业要求员工在升职报告中展示自己的 PDCA 改善事例，包括如何使大的 PDCA 环与企业目标战略保持一致、如何运用 PDCA 推进改善项目等。

此外，将 PDCA 作为对接工作的一种语言，如领导对下属说："你 P 没有

做好。"下属立即就能明白自己的规划做得不足。

④ 运用 PDCA 解决问题。

使用 PDCA 的方法推进问题的解决。

二、促进质量体系的 8 个要点

所谓质量体系,是指企业设定质量方针及目标,对实现方针及目标的重点、步骤、任务等进行规划、执行、检查、并不断完善(即运用 PDCA),从而形成系统性的工作。质量体系包括一定数量的子系统以及具体工作,如文件控制系统、人员培训系统就属于质量体系中的子系统,而不合格品管控、量具校验、作业指导书编制等则属于质量体系中的具体工作。可以说,ISO 质量体系就是按照上述逻辑形成的。质量体系包括事先预防、事中管控、事后纠正 3 项内容。

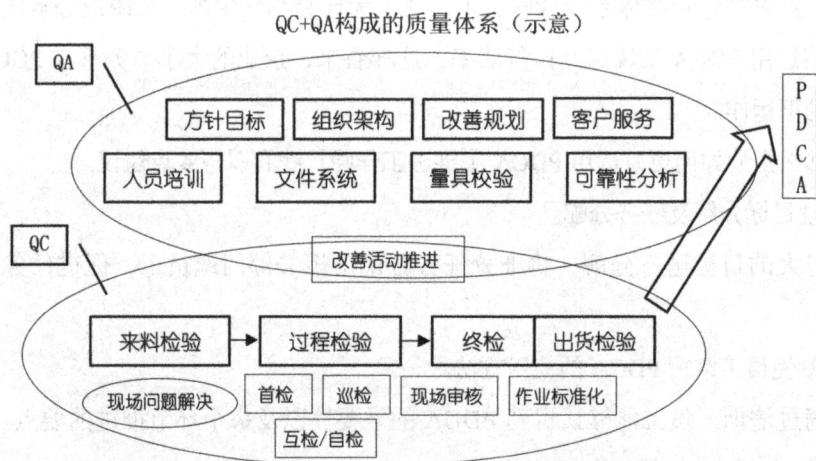

QC+QA构成的质量体系（示意）

QA：全称为 Quality Assurance,即品质保证,侧重于体系建设及事先预防。

QC：全称为 Quality Control,即品质管控,侧重于现场品质管控、事中管控及事后纠正。

以生产为中心的生产线质量体系图

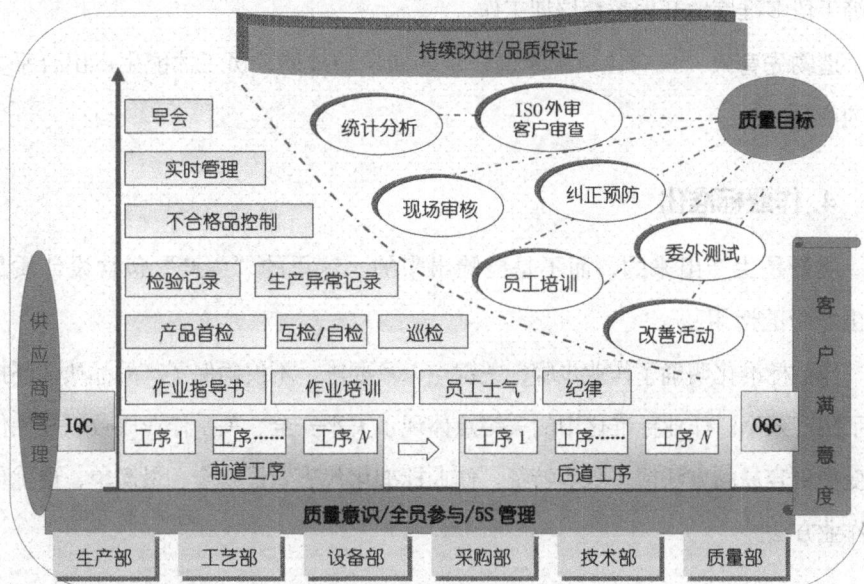

为更好地发挥出质量体系的作用，需要注意以下 8 个要点。

1. 以 PDCA 推进体系工作

PDCA 是推进建立质量体系的第一要点，缺乏 PDCA 中的任何一个环节，质量体系都是有问题的。

2. 坚守质量管理原则

质量管理有 3 个基本原则：底线原则——构建底线，不可逾越底线；早鸟原则——问题发现得越早，损失越小；稳定原则——使工艺及作业标准化，确定构建稳态。遵守质量管理的 3 个原则能确保企业质量不出大的差错，帮助企业做好基础工作，以及明确一定的质量工作重点。

3. 教育培训

领导以身作则能起到表率作用，通过可视化系统给员工或潜在或明确的引导，这些都能给员工带来正面的影响。

为了做好教育培训工作，企业可针对自身状况开发教案，同时要借助新媒体等手段多维度地开展教育培训工作。

造物先育人，只有让员工掌握一定的知识与技能，员工才能生产出合乎要求的产品。

4. 作业标准化

质量是生产出来的，而不是检验出来的。这里的"生产"包含设计质量在生产中的运用。

作业标准化明确了作业步骤、关键点以及要求，不仅确保了产品品质，还提升了生产效率。作业标准化中的关键点体现了关乎安全、关乎作业成败以及使作业变得更容易的方法或步骤等特征。作业标准化代表着最安全、最简单、最优化的作业方法。

5. 新产品质量控制

对新产品的质量进行控制能尽可能早地识别出失效模式及其影响，并加以改善。在样品阶段，让问题充分释放，并在量产阶段前实施必要的审核。

6. 检验设置与不合格品管控

来料质量的责任主体为供应商，尽可能通过供应商进行质量管理，让供应商提供稳定可靠的来料。对于来料检验本身，应注意关键点的管控。

检验一般有全检、抽检、免检3种形式，依据以往的质量数据、可接受质量水平等因素，设置检验方式与抽检比例。不合格品管控需做到"标识、隔离、记录、汇报"4点。

7. 推进质量改善活动

问题分为两类，一类是被动型问题，需及时解决；另一类是主动型问题，要主动发现问题并进行改善。推进质量改善的常用方式为实施QC小组活动。

8. 构建质量文化

从 6 个方面构建质量文化更具有落地性，这 6 个方面分别是质量规划、文件体系、质量教育、质量活动、标语口诀、质量可视化。

质量体系有 8 个要点，这 8 个要点事实上就是使质量体系落地的 8 大支柱，如下图所示。其中基础部分为现场 5S 管理与员工的质量意识，而屋顶则是质量体系追求的目标：有竞争力的产品质量与良好的客户体验感。

事实上，本书内容大致以"8 大支柱"展开，只不过"8 大支柱"的基本细节内容分布于 8 章里的不同小节中。

质量体系的8大支柱

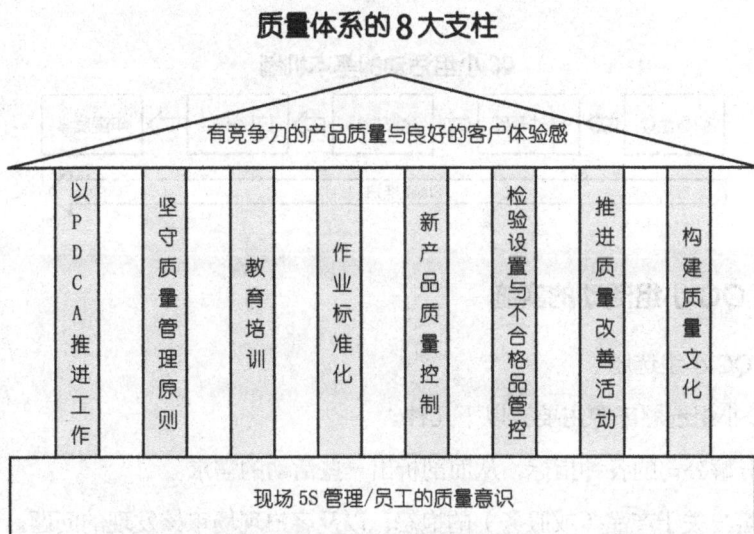

有竞争力的产品质量与良好的客户体验感

| 以 PDCA 推进工作 | 坚守质量管理原则 | 教育培训 | 作业标准化 | 新产品质量控制 | 检验设置与不合格品管控 | 推进质量改善活动 | 构建质量文化 |

现场 5S 管理/员工的质量意识

三、QC 小组活动

QC 小组活动的英文为 Quality Control Circle, 也称为品管圈活动或小集团活动。

1. QC 小组活动的价值及机制

QC 小组活动主要用于解决主动型问题，即主动发现问题，组建小组，设定目标，以 PDCA 推进改善。

QC 小组活动具有以下 3 大价值。

① 实现全员参与改善的重要形式。

② 使员工在实战中提升分析改善技能。

③ 企业运营"体质"得以增强，并从中获得经济效益。

此外，QC 小组活动还增强了团队合作精神，小组成员从改善中获得成就感，增强了企业凝聚力，员工能更多地感受到工作的乐趣。

QC 小组活动的推进一般有两大前提：①员工掌握了 QC 工具分析方法；②企业内部有推进 QC 小组活动的基本机制。企业应有专门的部门或专人推进 QC 小组活动。

QC 小组活动的基本机制

引导组建 ⇨ 活动开展 ⇨ 建议指导 ⇨ 评比表彰 ⇨ 年度反省

PDCA 推进

2. QC 小组活动的实施

① QC 小组选题。

QC 小组选题来源主要有以下几种。

a. 分解公司的各种指标，从而剖析出一些活动的需求。

b. 客户关于产品（或服务）的抱怨，以及客户现场审核发现的问题。

c. 从 QCDSME（质量、成本、交期、安全、士气、环境）等方面解析出的问题点。

d. 点检过程中发现的问题。

e. 领导强调的一些要点或改善要求。

f. 通过月报以及数据解析而显现出的一些问题。

g. 从问题中分解出的一些问题。

h. 员工提出的一些建议。

i. 通过咨询专家获得的一些建议。

j. 讨论中产生的灵感。

更广泛的选题来源可参照第六章"解决问题的基本思路"中的"延伸阅读：生产管理中的 122 个典型问题"。

确定选题有 5 点注意事项：a. 宜小不宜大；b. 聚焦于自身的工作；c. 在团队的能力范围内；d. 能追求一定的经济效益；e. 课题名称直接明了，忌笼统空洞。

② QC 小组分类。

以选题不同来分类的话，QC 小组可分为以下 5 大类。

a. 现场型：以解决现场问题作为 QC 小组活动的选题。

b. 服务型：以推动服务工作标准化、科学化以及提高服务质量为选题。

c. 攻关型：以解决关键技术问题为选题。

d. 管理型：以提升管理水平为选题。

e. 创新型：现有的技术、工艺、技能和方法等不能满足实际需求，小组运用新的思维研制新产品、服务、项目、方法而选择的质量管理小组课题。

③ 小组组建。

有了选题后，则要组建小组，小组成员的选择需要考虑到是否有助于改善活动的推进。

一般依照"自愿参加，上下结合；实事求是，灵活多样"的原则组建小组。小组成员通常应包括基层人员、技术人员、质量人员以及管理人员，这样既便于改善工作的开展，也便于相互学习。

小组以 3~10 人为宜，选举出组长，组员应有明确的分工。

QC 小组及选题登记表			
课题名称		登记编号	
改善目标			
选题理由			
小组组长 / 电话		计划推进周期	

QC 小组及选题登记表							
	姓名	性别	工龄	岗位或部门	接受培训时间	小组分工	备注
小组成员情况							
QC 小组负责人意见：							

④ 改善的实施。

改善的实施基本按照 PDCA 的思路展开，将解决问题的 8 个步骤进一步细化为 10 个步骤。

QC 小组改善的 10 个步骤

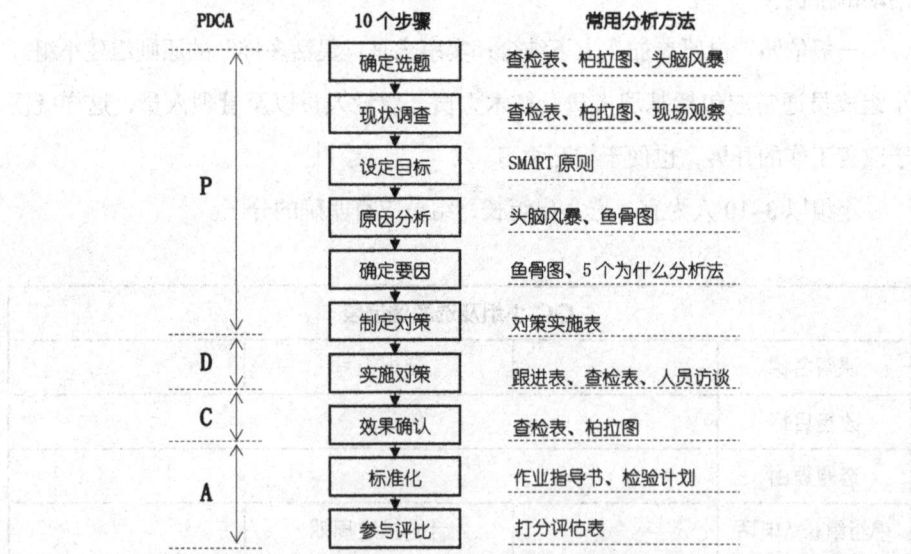

PDCA	10 个步骤	常用分析方法
P	确定选题	查检表、柏拉图、头脑风暴
	现状调查	查检表、柏拉图、现场观察
	设定目标	SMART 原则
	原因分析	头脑风暴、鱼骨图
	确定要因	鱼骨图、5 个为什么分析法
D	制定对策	对策实施表
	实施对策	跟进表、查检表、人员访谈
C	效果确认	查检表、柏拉图
A	标准化	作业指导书、检验计划
	参与评比	打分评估表

小组组长应组织小组成员定期开展活动，确保活动持续开展并不断推进。每次的小组活动应有相应的记录。

小组活动记录表					
课题			主攻阶段		
活动日期			活动地点		
主持人			记录人		
小组成员签到					
姓名						
活动进展回顾					
本次活动内容					
下步计划	措施/计划		责任人	计划完成时间	备注
组长确认			日期		

⑤ QC 小组活动的评估。

企业应在每年的固定时间开展一到两次评估表彰活动，以对每个小组的改善状况进行确认。可从选题、实施、成果及发表 4 个维度进行评估。

小组活动的评估：4 个维度

1. 选题（15 分）

选题紧扣痛点且与公司方针一致；
目标量化且有一定依据；
团队构成和分工与具体改善紧密相关

2. 实施（40 分）

运用 PDCA；
发挥团队价值；
定期开展活动；
善于运用质量工具；
及时完成各项措施任务

4. 发表（15 分）

发表资料，通俗易懂，有图表及数据支撑；
发表时，从容大方，表述清楚，重点突出

3. 成果（30 分）

与原状相比，有效果；核算收益，实事求是；
将相应成果标准化；
无形成果已评价

推进 QC 小组活动的要点：①让员工感受到工作和改善的乐趣，这样员工才会积极参与；②秉持务实的作风，防止形式主义；③确保一定的持续性。做到这3点，企业与员工都将从 QC 小组活动中受益和获得成长。

QC 小组活动为企业构建质量体系提供了坚实的全员性基础。

延伸阅读：戴明的管理 14 要点

质量体系是企业运营管理中的一个重要环节，质量体系要发挥出其独特价值，需要处于一个"健康"的企业整体运营环境中。

戴明提出的"管理 14 要点"，就是从企业的整体运营角度出发的。为了切合我国企业状况及时代特征，我对其中的某些理念进行了新的诠释。

1. 长久使命

领导者的眼光要长远，要重视质量及品牌效应。

2. 减少错误率

要想赢得竞争，就应该减少产品与服务的错误率，这是管理人员应担负的职责。

董明珠第一次直播带货时，只卖出去 20 多万元的产品，原因何在？出错了，直播画面非常"卡顿"，不流畅。

涉及客户体验及品牌形象等方面的事务，更要减少错误率。

3. 不依赖检验达成质量

检验属于事中控制，处置发现的不良属于事后控制，这两种控制都是需要的，但企业不能依赖它们，即使是在检验过程中发现不良，不良也早已经产生。因此，企业要做到事先控制，要从产品设计、工艺设计的角度着手。

戴明指出，依赖检验改善质量，往往太迟、无效，而且浪费资源。

4. 采购追求总成本最低

戴明的这个观点对采购管理产生了重大影响。

以往企业在采购时往往倾向于选择单价低的产品。但单价低，企业的成本未必就低。比如，A供应商的单价最低，但质量问题不断，其供应的原材料上线后导致停线，这时企业的成本是居高不下的。

这就是戴明提出的"追求总成本最低"的含义，即企业要避免一味追求产品单价最低的做法，也需要考虑质量对成本的影响。

5.持续改善生产系统

戴明提出的"持续改善"被纳入ISO质量体系，作为其中的原则之一，对企业管理产生了重要影响。

戴明这个理念被日本人发扬光大，日本人在精益生产中将改善明确为3层含义，分别是全员参与、低成本开展以及持续推进。

6.建立在职培训制度

在职培训可以理解成"岗位培训"，其中一个重点即是对新员工的教导工作。"说给你听，做给你看；说给我听，做给我看"，循序渐进地让新员工掌握一定的工作技能。

7.发挥管理人员的作用

管理人员常将质量责任推给员工："哎，我们员工的素质不够，我们员工的质量意识较差，讲了很多遍都没用。"

戴明指出，质量管理应发挥管理人员的作用。其中一个重点是，管理人员需要提升标准化水平。我们强调员工应具有质量意识，质量意识中的一个要点就是"按作业指导书作业"，然而，现实中，很多作业指导书存在粗制滥造的现象，无法起到指导员工作业的作用，而完善作业指导书是管理人员的责任。

8.消除员工的紧张

事实上，企业人为营造的紧张是多余的或者有害的。戴明通过访谈了解到员工的一些内心想法。

"如果为公司长期利益着想，我觉得应该停止生产一段时间来修理及调整机器，但这样做日产量会直线下降，我就会失去工作。"

"领导相信恐惧有利于管理。如果大家都不敬畏他，他如何管理我们呢？他认为管理就是惩罚。"

"很想了解公司某些工作流程背后的缘由，可是我不敢问。"

9. 消除部门隔阂

问题解决常关乎不同部门，比如生产线出现质量问题，常与来料、设备、设计、工程、客服、质量等多个部门有关，跨部门合作有助于彻底解决问题。

10. 消除空洞标语

比如张贴"我今后不生产不合格品"的标语，让员工在上面签名，但不合格品的产生常常并不是员工的责任。

11. 制定恰当的目标

目标应有相应的来源，并且有相应的步骤或路径来实现这个目标。

12. 让员工乐于改善

戴明访谈某位员工时，该员工说："主任很怕做决定。如果他不做什么决定，他就不必向上级解释，他作为管理人员做事时也不必向我们解释。如此推诿责任的主任，又怎能促进改善呢？"

这个事例给我们的启迪是，管理者展现必要的姿态，勇于担当，员工才能从中受到影响，乐于参与到改善中去。

13. 建立活力化教育机制

活力化教育机制主要指根据企业的实际情况制定有针对性的教育方案，使员工从中真正有所收获，获得成长。

14. 共同致力于转型

市场形势不断变化，只有转型才能适应变化。张瑞敏有一句名言："没有成功的企业，只有时代的企业。"

抓住趋势非常重要，但不要老是妄想站在"风口"。遵循前面的13条，企业能发展得更为稳健。

在市场风云变幻的今天，戴明的管理14要点给了企业领导者及管理人员新的启迪。

附录 1

章节知识概要

● 本书结构图（鱼骨图）

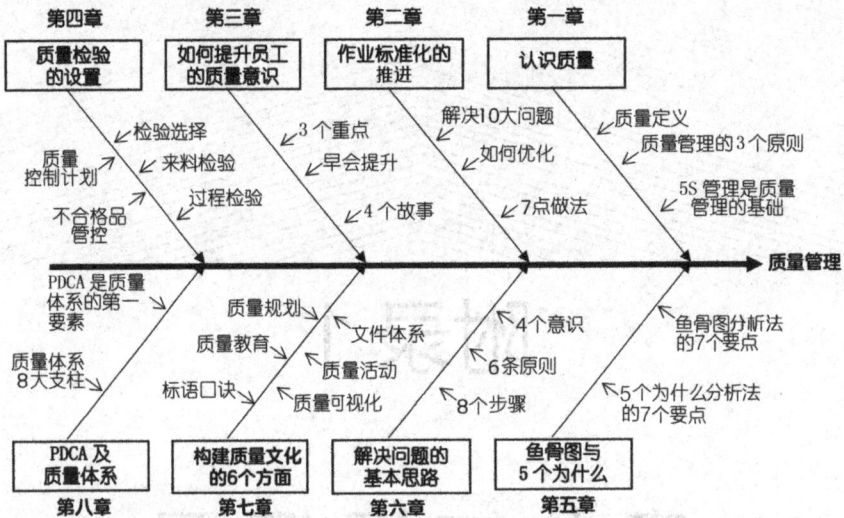

● 每章节知识要点

第一章　认识质量

小节	知识点	说明
一、什么是质量	质量定义：质量是依据标准进行衡量的结果，这些标准包括客户体验感	相对容易理解的定义，同时，加上了"客户体验感"的要求
二、"忙、盲、茫"的现状	忙：问题重复，忙于"救火"！ 盲：无视问题，安于现状！ 茫：缺乏重点，缺乏手段！	要消除该现状需要引入"3个原则"
三、质量管理的3个原则	底线原则：构建质量管理的底线，不能逾越底线。 早鸟原则：问题发现越早，损失越小。 稳定原则：推进工艺及作业的标准化，构建稳定状态	这是任何一家企业都应遵守的质量管理的3个原则
四、5S管理对质量管理的促进	整理（Seiri）、整顿（Seiton）、清扫（Seiso）、清洁（Seiketsu）、素养（Shitsuke）、逐步由外力推动转变为员工自发推动	5S管理可视作质量管理的基础
五、6位质量管理学家介绍	介绍休哈特、费根鲍姆、朱兰、克劳斯比、戴明、石川馨6位质量管理学家。了解质量管理学家，有助于从源头理解质量理念	知其然，更知其所以然

第二章 作业标准化的推进

小节	知识点	说明
一、什么是作业标准化	作业标准化是将工艺要求、作业步骤要点进行标准化的过程，其输出为作业标准或标准作业。作业标准化可以解决 10 大问题	作业标准化是产品质量的一道基本保障
二、作业标准化的两个案例	案例 1：被调岗的小和尚，案例说明作业指导书非常重要。 案例 2：下雨天的环卫工人，案例说明作业指导书应该严谨	通过案例诠释作业标准化的价值及注意点
三、客户为什么重视作业指导书	人是一个非常重要的因素，虽然设备工艺参数说得清清楚楚，但仍有可能出现员工误操作或产品放置定位不准确等各种情况，因此指导员工作业的作业指导书一向是现场的一份重要文件	分析了操作规程、工艺规范、作业指导书 3 者的区别
四、编制新产品作业指导书的 8 个步骤	编制流程图、确定特性、FMEA、制订质量控制计划、制作初稿、动作防呆平衡、颁布作业指导书、保持最佳状态	从源头阐述新产品如何编制作业指导书
五、作业指导书的基本格式	6 个元素： ①作业指导书信息说明；②辅助图示；③物料、夹具等信息；④作业步骤及要点；⑤检验要求；⑥其他信息	本小节附带说明了作业指导书 3 个原则：①KISS 原则；②最优原则；③员工是不落笔的签署者
六、作业指导书的优化	解决 3 大问题，以发挥作业指导书的价值。 作业指导书的 3 个层次： 有，虽有，但实用价值较低，存在一定的问题点； 好，可视化、关键点明确、优化、进行了宣传； 优，对失效模式及后果进行分析，运用防呆法，兼顾生产线平衡等	了解这 3 个层次便于企业开展自我评估
七、我们该做些什么	从 7 个方面提升作业指导书的价值	指导企业如何优化与提升作业指导书的价值

第三章　如何提升员工的质量意识

小节	知识点	说明
一、什么是质量意识	员工质量意识的3个重点：①遵守作业（检验）指导书；②掌握必要的检验方法，有问题及时反馈；③参与到改善中来	有了3个重点，提升员工的质量意识便有了抓手
二、如何提升员工的质量意识	① 完善并优化作业指导书。 ② 利用早会宣传质量意识。 ③ 运用质量可视化看板。 ④ 员工检验技能的提升。 ⑤ 提升班组长的相关技能。 ⑥ 开展必要的质量改善活动	提升员工的质量意识可在一定程度上减少人为错误，并能及时发现问题
三、不合格品的基本处置	①标识；②隔离；③记录；④汇报	这是应教给员工的关于不合格品的处置方式
四、出了质量问题，先罚谁	管理人员应该担负起自己的职责	如果要罚款，也应该有据有度，秉公执行，一视同仁
五、利用早会提升质量意识	在早会上强调或强化质量信息，会有很好的积累效应	早会可视作一个提升员工的质量意识的突破口
六、关于质量的4个故事	① 亏6万不如亏8万；②质量十二禁令；③ 任正非的奖状；④张瑞敏怒砸冰箱	故事中常蕴含着深刻的道理

第四章　质量检验的设置

小节	知识点	说明
一、检验的形式及选用	如何选用免检、抽检、全检，抽检比例，使风险处于可控范围内	AQL（可接受质量水准）是一个重要概念
二、来料检验的管控	供应商管理的4个要点：①样品阶段至关重要；②实施量产前的评估；③及时回馈供应商信息；④稳定的自我管理团队	供应商是来料质量的责任主体
三、过程检验管控	过程检验员的12条岗位职责；首检、互检/自检、巡检、现场稽核如何开展的说明	过程检验设置来自质量控制计划
四、质量控制计划	质量控制计划表格说明	全局性地展示生产线上的质量控制手段——标准文件
五、不合格品的来源及管控	7大来源及18种管控方法	这18种管控方法也是防止质量事故的方法

续表

小节	知识点	说明
六、质量成本解析	质量成本分为 4 类：①预防成本；②鉴定（评价）成本；③内部不合格成本；④外部不合格成本	属于本书中的了解性知识
七、质量检验类基本术语	对 QC、QA、FQC 等术语进行汇总和解释	便于理解相关词汇

第五章　鱼骨图与 5 个为什么

小节	知识点	说明
一、鱼骨图	鱼骨图分析的 7 个要点： ① 问题聚焦，一次一问； ② 分类清晰，覆盖全面； ③ 层层递进，避免笼统； ④ 头脑风暴，集思广益； ⑤ 圈出要因，明确重点； ⑥ 形象呈现，感染力强； ⑦ 落实行动，解决问题	鱼骨图是 QC7 大手法中的一种，是最常用的一种可视化分析工具
二、5 个为什么	5 个为什么分析法的 7 个要点： ① 遵循现场主义； ② 理清问题； ③ 依照原理、原则进行发问，不要跳跃式发问，发问要符合逻辑； ④ 并非一定要问 "5 个" 为什么； ⑤ 防止隧道视野，同时杜绝借口； ⑥ 多原因分析中，可进行核实简化； ⑦ 必须采取相应措施	5 个为什么分析法来自精益管理领域。使用 5 个为什么分析法可以避免 "想当然" 地对问题进行处理

第六章　解决问题的基本思路

小节	知识点	说明
一、问题的分类	被动型问题与主动型问题	问题的一种简单分类
二、解决问题的 4 个意识	客户意识、现场意识、担当意识、团队意识	这 4 个意识有助于解决问题

续表

小节	知识点	说明
三、解决问题的6条原则	①问题是改善之母；②及时发现问题，及时解决问题；③运用层别的思想；④优先解决重点问题；⑤找到问题真因，问题就解决了一半；⑥解决问题是一个"练兵"的过程	遵守这些原则可有效避免"抓不住重点""畏惧问题"等情况的出现
四、解决问题的8个步骤	①认识问题；②把握现状；③设定目标；④确定真因；⑤拟定对策；⑥实施对策；⑦确认效果；⑧横向展开	把PDCA的4个环节分解为8个步骤，解决问题会有更好的参照性
五、QC7大手法简介	①查检表；②层别法；③柏拉图；④鱼骨图；⑤散布图；⑥直方图；⑦控制图	QC7大手法由石川馨整理提出

第七章　构建质量文化的6个方面

小节	知识点	说明
一、质量规划	明确方向，展开路线	从这6个方面构建质量文化，易于开展，容易落地
二、文件体系	既已存在，善加运用	
三、质量教育	管理之道，重在育人	
四、质量活动	多姿多彩，促进氛围	
五、标语口诀	富有哲理，触动人心	
六、质量可视化	信息辐射，展示文化	

第八章　PDCA及质量体系

小节	知识点	说明
一、PDCA的运用	企业如何更好地运用PDCA；①目标分解及任务分配；②使员工掌握PDCA的使用方法；③以PDCA对接工作；④运用PDCA解决问题	没有PDCA，就没有质量体系
二、促进质量体系的8个要点	质量体系的8大支柱；①PDCA；②坚守原则；③教育培训；④作业标准化；⑤新产品质量控质；⑥检验设置与不合格品管控；⑦质量改善；⑧质量文化	参见书中的质量体系的8大支柱图
三、QC小组活动	QC的2张图表：①QC小组及选题登记表；②小组活动记录表	QC小组是全员参与改善的重要形式

附录 2

口诀 / 词汇索引

● 原创口诀索引（共 8 个）

序	口诀	对应小节
1	原则歌	质量管理的 3 个原则
2	早会歌	运用早会提升质量意识
3	鱼骨图的 7 个要点	鱼骨图
4	鱼骨图口诀	
5	4 大戒律	标语口诀
6	5 个及时	
7	8 项防范	
8	PDCA 歌	PDCA 的运用

●词汇索引

第四章中已有的检验类基本术语未包含在内。下列词汇按在正文中出现的先后顺序排列。

1. 质量：英文为 Quality,质量是依据标准进行衡量的结果，这些标准包括客户体验感。

2. 4M1E：Man、Machine、Material、Method、Environment 的首字母缩写，也就是员工、机器、材料、方法、环境。

3. 5S：分别指整理、整顿、清扫、清洁、素养，源自日本，是一种使现场干净整洁、安全高效的管理工具。

4. PDCA：Plan、Do、Check、Action 的首字母缩写，意即一项工作应经历计划、执行、检查、行动 4 个环节才能完成得好；PDCA 常被称为戴明环。

5. 全面质量管理：英文为 Total Quality Management，简称 TQM，是一种提倡全员参与、全过程控制的质量管理系统。

6. SOP：全称为 Standard Operation Procedure，即作业指导书，是以人为对象进行规范作业的步骤及要点的标准化文件。

7. FMEA：全称为 Failure Mode & Effect Analysis，即失效模式及后果分析，其中 PFMEA 为过程失效模式及后果分析，DFMEA 为设计失效模式及后果分析。

8. 防呆：英文为 Poka-yoke，指以一定的装置或方法防止人犯错的管理方式。

9. OCAP：飞利浦公司内部词汇，全称为 Out of Control Action Plan，即失控行动计划。

10. 质量控制计划：英文为 Quality Control Plan，规范生产过程各工序控制、检验手段的实施计划。

11. APQP：全称为 Advanced Product Quality Planning，即产品质量先期策划。

12. SMART：Specific、Measurable、Ambitious、Reliable、Time-bound 的首字母缩写，是用于制定目标的工具，以使目标具体、可测量、具有挑战性、有相关性、有时间限制等。

13. 8D：全称为 8 Disciplines，是由福特公司提出的、解决问题的 8 个步骤（规则）。

14. Cp：制程具能力指数。

15. Cpk：有用的制程能力指数。

附录 3

简易评估及测试题

● 企业质量自我评估 22 条

序	内容	打分	说明
1	企业是否针对重点不良开展了改善活动		
2	基层管理人员是否接受过 QC7 大手法等质量管理技法的训练		
3	企业是否推动质量改善小组（QCC）的活动		
4	质量改善小组活动是否阶段性地进行了评估与激励，员工的好的质量改善经验是否在企业内分享		
5	是否对供应商实施"渗透式"的质量管控		
6	是否有相应的来料质量管控数据，并以此来衡量供应商的来料质量以及制定相应的管控手段		
7	供应商的来料质量不良是否及时反馈，同时追踪其改善情况		
8	企业内部是否实施了恰当的检验手段，包括首检、巡检、互检 / 自检、特定的工位检验及性能测试等		
9	企业是否制定了相应的检验标准		
10	企业是否制定了相应的工艺标准以及作业标准等		
11	作业标准是否吸纳员工的意见并确保其简单、安全、优化的特性		
12	现场表格是否简洁、有效，员工是否清楚其价值		
13	生产及质量记录是否及时准确填写		
14	是否对记录的数据进一步分析，并以此确定进一步的改善活动		
15	企业是否运用类似质量月报的手段将质量信息传递出去		
16	企业是否对客户投诉进行梳理归纳和改善		
17	企业是否有效推进了 5S 管理		
18	为防止质量（安全）事故，企业是否进行了充分分析及管控		
19	企业是否适度运用失效模式及后果分析（FMEA）手段对产品设计及生产过程进行评估与改善		
20	企业是否运用质量控制计划（或类似手段）对工序质量管控进行整体性评估		
21	有证据表明最高级管理人员对质量的重视，包括资源配置，人员培训、积极参与等		
22	是否有充分证据说明企业的质量管理有明确的进步或已在行业内处于先进地位		

续表

评估后建议：		
表格说明： ① 此表格旨在帮助企业针对质量管理的关键点进行自我评估； ② 通过此表格的自我评估，有助于企业进行进一步的改善； ③ 打分一般为 1~5 分，如果什么都没做，可给 0 分		
评估者：	评估日期：	审核：

• 简易测试题

品质管理测试题

姓名：_____公司：_____职位：_____

一、填空题（每空 2 分，共 36 分）

1. 质量是依据（　）进行衡量的结果，包括（　）。

2. 质量管理的 3 个原则为（　）原则、（　）原则、（　）原则。

3. 质量 4 大戒律分别是戒数据造假、戒隐瞒不报、（　）、（　）。

4. 对不合格品进行处置时需要做到 4 点，即（　）、（　）、（　）、（　），对已产生的不合格品，总体管控原则为（　）。

5. 4M1E 是现场（质量）管理的 5 大要素，分别指（　）、（　）、（　）、（　）、（　），进行质量分析时也可从这 5 个方面入手。

6. 没有（　），就没有质量；（　），首先确保了品质，进而提升了效率。

二、判断题（每题 3 分，共 18 分）

1. 员工只要按标准作业就行了，不需要他们参与质量改善。（　）

2. 为简便行事、提升效率，可用一张鱼骨图分析 2 个或 3 个问题。（　）

3. 为提升现场管理水平，作为企业最高领导，也应当参与（或督导）现场作业标准的优化工作。（　）

4. 找到问题原因，对症下药，通常问题的一半已解决。（　）

5. 质量分析常用的 QC7 大手法分别是查检表、层别法、柏拉图、鱼骨图、散布图、直方图以及控制图。（　）

6. 品质，始于教育，而终于教育。（　　）

三、简答题（每题 10 分，共 20 分）

1. 请简述作业关键点具有的特征（共 3 个，具备其中 1 个即为作业关键点）。

2. 员工的质量意识的 3 个重点是什么？提升员工的质量意识的责任在员工身上还是在管理人员身上？

四、问答题（共 26 分）

如何理解客户体验感，你在提升客户体验感方面有什么想法？

参考文献

[1] 石川馨.质量管理入门［M］.刘灯宝，译.北京：机械工业出版社，2017.

[2] 戴明.转危为安［M］.刘灯宝，译.北京：机械工业出版社，2016.

[3] 约瑟夫A.德费欧，弗兰克M.格里纳.朱兰质量管理与分析［M］.苏秦，张鹏伟，译.北京：机械工业出版社，2017.

[4] 馆义之.品质管理实战精要［M］.北京：北京大学出版社，2004.

[5] 克劳斯比.质量免费［M］.杨钢，林海，译.太原：山西教育出版社，2011.

[6] 今井正明.现场改善：低成本改善的常识［M］.周健，等译.北京：机械工业出版社，2016.

[7] 大野耐一.丰田生产方式［M］.谢克俭，李颖秋，译.北京：中国铁道出版社，2006.

[8] 曹德旺.心如菩提［M］.北京：人民出版社，2014.

参考文献

[1] ...

[2] ...

[3] ...

[4] ...

[5] ...

[6] ...

[7] ...

[8] ...